稼げる人稼げない人の習慣

松本利明

日経ビジネス人文庫

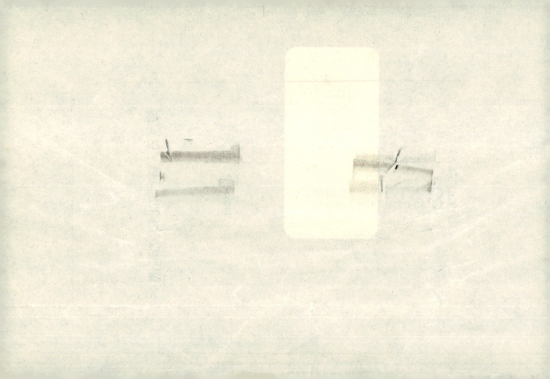

文庫版まえがき

「稼げる人稼げない人の習慣」は大きく変わりました。

平成は「勝ち組と負け組」の時代でした。大企業の中でも明暗が分かれました。企業も人も主役が交代する中で、カギを握ったのは情報でした。勝ち組は正解に近い情報をライバルより早く仕入れることで、のし上がることができました。

令和の時代は少し違います。今は「自分らしく稼ぐ」時代です

平成の最後にトヨタ自動車の豊田章男社長と経団連の中西宏明会長が、「今後『終身雇用』を続けていくのは難しい」と相次ぎ発言しました。

しかし、今の30代未満の人は、「そもそも会社が一生面倒をみてくれるはずがない」と本能的に嗅《か》ぎ取っており、そこにはあまり悲壮感がありません。

- 大企業に勤めながら、コミュニティやNPOの運営にかかわる
- ベンチャー企業で働きながら、大企業ともコラボをする

●転職と副業で稼ぎ、次のチャンスに備える

——など、さまざまな働き方の選択肢を自分らしく組み立てることによって、複数の収入源が得られる時代になりました。

令和の時代は有名老舗企業がリストラや経営危機に陥る一方で、成長著しかったベンチャー企業が身売りするなど、ますます変化が激しくなっています。稼ぐ手段が一つだけしかないというのは、大きなリスクになりつつあります。あまりにも変化が続くと、変化に対応しようとしても間に合いません。追いつく前に次の変化が訪れてしまうからです。

この数年で企業が求める次世代リーダー像も様変わりしました。

今、企業が求めるリーダーは、どんな環境であっても乗り切れる人です。それも眉間《みけん》にしわを寄せ、我慢を積み重ねたりするのではなく、何があっても涼しい顔をしてスイスイ乗り越えていくような人材です。

それを、私は「ワンピース・ジョジョ型人材」と呼んでいます。

『ワンピース』では「悪魔の実」の能力、『ジョジョ』も「スタンド」と言われる能力を持ち、どんな局面でも、自分の能力を駆使し、自分らしくどんどん強くなって、困難を乗り

越えていきます。

ワンピースの主人公であるルフィは、「ゴムゴムの実」の能力使いです。数々の試練を乗り越えながら、ゴム人間の資質をどんどんバージョンアップさせ、身体・戦闘能力を大きく向上させます。決して身の丈に合わない努力はせず、自分の持ち味を活かすことだけに集中します。

昭和の時代は『ドラゴンボール』や『北斗の拳』のように、力の強い者が勝つ絶対序列の世界でした。北斗の拳のようにたくさんの拳法を覚え、「秘奥義」まで覚えるとなると、厳しい訓練と努力が必要でしたが、今の時代はそこまで頑張らなくてもいいのではと思います。

・

これからの時代の「稼げる人」には、

- 自分の持ち味を活かし、勝てる場所を「転職」しながら見つけ、鍛えていく
- 起業と副業によって収入アップとオリジナルの強みを磨いていく
- ただ稼ぐだけでなく、世の中や仲間に認められ、やりがいを感じる

──という共通項があります。

今回、文庫化にあたって、書名を『「稼げる男」と「稼げない男」の習慣』から『稼げる人稼げない人の習慣』に変更しました。男性・女性で区別する時代ではないからです。それとともに、今の時代に合わせ、ノウハウや事例をアップデートしました。副業、転職、介護、働き方改革など、人生100年時代のベースとなる項目を追加し、合計50の習慣を解説しています。

本書によって、あなたらしく、しなやかに活躍し、いつでもどこでも戦える武器を手に入れていただけたら幸いです。

２０１９年８月
著　者

はじめに

人事・戦略コンサルタントの松本利明と申します。

私はPwC、マーサー、アクセンチュアといった世界を代表する大手外資系コンサルティング会社で24年以上、人事分野のコンサルティングをしてきました。

私が携わった会社は、外資系や日系の大手企業からベンチャー企業まで、600社以上にのぼります。

M&A、事業再生、グローバル展開など、さまざまな仕事をやってきましたが、その中で一貫して実施してきたことは、人を選定する「目利き」の仕事です。

「目利き」の仕事は大きく分けて2つあります。

1つはリストラ、もう1つは次世代の幹部やその候補者を挙げること。

累計で5万名以上のリストラと、6500名以上の幹部や候補者の選抜をしてきました。

「会社にいらない人材像」と「期待する人材像」をもとに選定を行うのですが、外資系、日系、大企業、ベンチャーにかかわらず、会社がほしがる人材はずばり「稼ぎ続けることができる」人材です。

「今稼いでいる」人材ではありません。

たまたまうまくいった今まで通りの仕事のやり方に溺れてしまう人は、時代や環境の変化についていけず、ビジネスマンとしての賞味期限が切れてしまいます。

最近活躍している4番バッターでも、将来の幹部候補としては、裏で外されているケースも少なくありません。

東京大学卒業、ハーバード大学のMBA取得、元・大手企業の幹部、このようなピカピカのエリートでも、例外ではないのです。

学歴や職歴というラベルではなく、自分のブランドで勝負し続けられるかが、大切なのです。

必要なのは、

●自分の「持ち味」に合わせた「稼ぐスキル」に気づき、身につけること
●「稼ぎ続ける」流儀（思考・行動・生活習慣）を持つこと
につきます。

この「稼ぎ続ける」思考・行動・生活習慣は、海外でも変わりません。
私はコンサルティングの一環としてだけでなく、世界最大規模の人事団体（SHRM）の日本支部執行役員も務めているため、外資系企業の外国人幹部と接することも多いのですが、「稼ぎ続ける」流儀は、実はどこの国でも同じなのです。
アメリカ、EU諸国だけでなく、中国、インド、ジンバブエでも一緒だとわかったときは、さすがにびっくりしました。

本書は、私が外資系コンサルティング会社で鍛えられ教えてきたことに加え、人の目利きをする中で見えてきた「稼げる人の流儀」をまとめた一冊です。

●一瞬稼いで有頂天になり、すぐに消える人

●稼いで昇進した瞬間に権威にとりつかれた暴君になり、外される人
●相手を勝たせ、与え、愛され続け、稼ぎ続ける人

を、間近で見てきたことから導き出した結論です。

ごく限られたエリートの稼ぐ流儀ではなく、普通の人が現場で培って稼ぎ続けられるようになった習慣や考え方を、皆さんがまねしやすいような行動レベルにまで落とし込みました。

全部で50項目紹介してありますが、最初から読んでいただいても結構ですし、パラパラとめくっていただき、気になるページから読んでいただいてもわかるように構成してあります。

ぜひ、楽しみながら読んでください。

あなたが、本書を読み終えたあと、キャリアや仕事で確実に前へ進み、稼ぎ続けられるようになることを約束いたします。

松本　利明

目次

Chapter 1
結果を出せる「仕事」の習慣

Chapter 2

未来を築く「キャリア」の習慣

Chapter 3 人とつながる「コミュニケーション」の習慣

Chapter 4
突破口を開く「思考」の習慣

Chapter 5
心と体が変わる「生活」習慣

Chapter 6 日々成長し続ける「働き方」の習慣

Chapter 1

結果を出せる「仕事」の習慣

01 **稼げる人は相手の期待を「少しだけ」上回り、**
稼げない人は「完璧」を目指す。

「神は細部に宿る」と言います。誤字脱字や数字のミスがあると、その他の箇所《かしょ》もミスがないか心配になるでしょう。

これはある意味正しいのですが、正しくない面もあります。すべての仕事の作業を同じレベル・密度で行うと、仕事の速度は遅くなって、量もさばけません。

すなわち仕事には、力の「入れどころ」と「抜きどころ」があるのです。

稼げる人は、最初に納期・品質・用途など、相手の期待値を確認します。

「経営会議の資料を全部つくってほしいのか、ざっとたたき台をつくってほしいのか、エクセルで表とグラフをつくってほしいのか」。目的とゴールは、あなたではなく依頼者が持っています。求めていることは、必ずしも完璧ではなく、速さかもしれないので、自分で判断することは危険です。

しかし、仕事を依頼する人の顔色をうかがい、ちゃんと趣旨を聞かずに「わかりました」と受けてしまうケースが日本企業では多く見られます。

聞くことは30秒で済みます。

いったんやり直しになれば、仕事で使った工程数が無駄になるだけではなく、本来違う仕事をやる予定だった時間も奪われます。さらに依頼者からは、「仕事ができない奴だ」と、マイナスの評価をされてしまいます。

私がかつて勤めていた会社の上司が「一晩徹夜をして提案書を仕上げた」というので、資料を見せてもらいました。キーとなるポイントを強調するだけでいいはずなのに、全体のグラデーションがキレイではない、という理由で一晩かけて調整したとのことでした。

この上司は、たった3か月で降格になりました。

力の入れどころと抜きどころがズレている人は、すべてがこの調子です。**依頼者や相手の期待を「自分で思い込む」前に確認すれば、無駄な手戻りはなくなります。**

依頼者の中には「やっといて！」と曖昧なまま仕事を振ってきて、期待値を突っ込んで聞くと嫌な顔をする人もいたりします。依頼者自身がアウトプットのイメージを持っておらず、期待に答えられないケースもあります。

こういう場合は、逆に依頼者の状況を想定して「こういう目的であれば、いつまでにこのレベルでできればいいですよね」と、仮説をぶつけてみます。

わからなくても相手の立場で真剣に考えた質問や提案は、100%ヒットすることはできなくても、かすめることはできます。

かすめた質問は、依頼者の思考に刺激を与え、動かします。

一から全部考えて指示することは、意外と負担がかかるものです。質問やたたき台となる提案があれば、それをもとに判断できるので、依頼者の負担はグッと減ります。

一からの指示を期待できない場合は、こちらから提示してあげるのが最も早く、確実です。

また、上司は自分の「命令」に従順に従うことを求めてきます。つまり上司は命令を聞く/聞かないを重視するので、「できません」は通用しません。自分がどうしても忙しいときには、どう返せばいいかと言えば、

「今担当している仕事の納期が明日の11時で動かせません。11時以降に着手して16時まで

に仕上げるとなると、チャートなどの作業を○○さんにお願いしてもいいですか？」など、現実的な形でどう仕上げるかを、周りのメンバーや上司に協力してもらうことも視野に入れた仮説を提案するといいでしょう。

大事なことは、相手の期待値を確認した上で、ちょっとだけ上回ることです。

コツは納期より少し早く対応してあげることです。依頼者は予定より早くもらえることが、一番嬉《うれ》しいのです。仮に多少不足があっても、予定納期内でリカバーできるので「安心」してもらえます。

01 稼げる人は、納期より少し早く仕上げる！

02 稼げる人は期待値が「低く」、稼げない人は期待値が「高い」。

あなたは、仕事を周りの誰かに頼むとき、仕事のでき上がりをどの程度期待しますか？

稼げない人は、自分を基準にした期待レベルを相手に求めるのです。

「今の自分がこの程度できるから、最低でもこの程度はできるだろう」「昔の自分はこのレベルはできたから、この程度はできるだろう」と相手の仕事の混み具合も確認せず、勝手に高めの期待値で仕事を依頼します。

そして期待レベルに満たないと「裏切られた」と怒り、落ち込みます。

稼げる人は、相手の仕事の混み具合と能力を勘案して「ちょっと頑張ればできそう！」というレベルで仕事を依頼します。

高すぎるレベルや努力がいらないレベルの仕事だと、相手は達成しようという欲求が湧《わ》いてきません。ちょっと手を伸ばせば手が届きそうというレベルの仕事が、達成しようというモチベーションを最も湧かせるのです。

そして、**その仕事を評価するときは、期待値通りであれば「よくやった」。多少ダメでも「頑張った」と認めてあげてください。**

仕事を依頼する方はややもすると、少し高めの期待レベルでお願いしておきながら、そのレベルでできなければ未達成と、マイナスの評価をしてしまいがちです。

相手に「チャレンジさせられ、それなりにちゃんとやったのにマイナスの評価をされた」と受けとられると、今後は同じような仕事を受けてくれなくなる可能性が出てきます。

「ここをこうやったら次回はもっとよくなるね」というアドバイスは、プラス面が中心になるので、相手は素直に聞いてくれます。

しかし、高めの期待値からだと「ここが期待に満たなかったから、次回はちゃんとして」と、マイナス面を強調したアドバイスになります。すると、「そんなこと言ったって勝手に期待値を上げておいて……」と感じ、アドバイスも受け入れてくれなくなるばかりか、「この人の仕事は受けたくない」と思われてしまう可能性が高まります。すると次からは、「今は手が空かない」と断られたり、受けてくれても後回しにされたり、ちゃんと仕上げてこない、というような抵抗をされることがあります。

稼げる人も、最初から優秀だったわけではありません。数々の失敗や成功を通して上司や顧客に鍛えられてきたので、弱い立場の気持ちがわかります。

失敗の経験がなかったり、もしくは失敗を乗り越えたとしても自分ひとりで乗り越えたと思っている人は、できない人の気持ちがわかりません。その結果、「ここまでできるのはあたりまえ」と高い基準値によって、厳しい指導を行います。

コンサルティングをしていると、営業成績が良い営業所なのに、そこにいる部下の評価がどう見ても低すぎるという例によく遭遇《そうぐう》します。

経営幹部から見れば、「よくやっている所長」と認知されていますが、厳しいだけの営業所長の部下の成長率は、他の営業所より高くないケースが大半です。

また、**人は相手が期待に応えてくれるたびに、期待値を無制限に広げるものです。**

例えば、家族で買い物に出かけたとき、夫が重い荷物を持ってくれると、妻は「期待に応えてくれた！」と感じます。それだけならいいのですが、期待はどんどん膨らみます。「月曜の朝、出勤するときに生ゴミを捨ててほしい」「お風呂そうじをやってほしい」など、要求はどんどんエスカレートしていきます。それに応えないと「裏切られた」と思われます。そして、当初は買い物の荷物運びでOKだったはずなのに……と、夫は嘆くことになります。

これは社会心理学の役割期待理論というもので、相手がいると必ず働く心理です。

このようなことにならないように、稼げる人は必要以上に期待値を上げません。そして、期待以上の結果を出してくれれば「感謝」することで、人をうまく動かしているのです。

02 稼げる人は、少し頑張ればできそうなレベルの仕事を頼む！

03 稼げる人は「期日を守り」、稼げない人は「期日を決めない、守らない」

「プロフェッショナルは、『期日』を決め、絶対に守れ。死んでも守れ」

これは外資系コンサルティング会社に転職した日に、上司から言われた言葉です。

人は期日を決めない限り、無限に時間があると勘違いしてしまい、ダラダラと行動してしまいます。期日を決めれば、そこから逆算して計画を練ることができ、今やる行動が具体化するのです。

稼げる人は、「期日を切り、期日を守る」という、あたりまえのことを徹底しています。

相手がある場合でも、期日をこちらから提示して決めていくことは、失礼にあたりません。「何月何日の何時に提出します」と時間まで締め切りを決めておくと、相手は自分の予定と時間を管理しやすくなるので、喜ばれます。

さて、期日を決め、実際に作業に入ってみると、予定通りに進んでいるかどうか、わからなくなることがあります。

そこで、最終期日の他に、作業の要所要所に期日（マイルストーン）を設定します。細かい期日で確認することで、進捗がつかめるのです。また、遅れている場合はリカバーするプランを用意し、スケジュールに反映します。

稼げない人は、ここを「気合い」で乗りきろうとします。最初から最後まで、体力と気力が続く限り作業し続けるのです。そして、何とか最終期日に終わった自分を「稼げる人だ」と勘違いしてしまうのです。

大事なことは、期日に間に合わせるために、「何ができないか」、「どうすれば間に合うか」を考えて折り合いをつけることです。

自分の力量を正しく把握しないと、これはできません。

例えば、120キロの荷物を船に運び入れようとしたとき、50キロを持ち上げる筋力しかなければ、どんなに力を入れても一気には運べません。

自分の力量がわかっていれば、3つに荷物を分けるなり、滑車を持ってくるなり、時間までに120キロを運ぶ方法をいくらでも考えつくはずです。

しかし、意外に自分の力量を実力以上に高く評価してしまう人が多い。自ら抱え込み、最初から最後までクライマックス状態で臨み、自滅してしまうのです。

仕事を一定量で区切り、そこまでにどれくらいの時間がかかったのかを計れば、自分の力量がわかります。そうすれば、納期に間に合わす方法が自ずと見えてくるはずです。

期日を切り、守ることが大事だとわかっていても、期日を設けたがらない人が多いのも事実です。なぜ曖昧にしたがるのかというと、できないことを恐れているのです。

仕事ができない人は「スキル不足」「情報不足」「時間不足」を言い訳にします。でも本来、できないことをやるからスキルが鍛えられるのです。

周りはあなたが成長するまで待ってくれません。成長のタイミングを捕まえるには、行動するしかありません。行動するには、締め切りを決めて計画に落とし込むしかないのです。

「時期尚早《じきしょうそう》」、「私にはまだ早い」などとタイミングを見計らっていると、あっという間にチャンスは逃げていってしまいます。必要なスキルや情報は、動きながら身につけていくのがいちばんです。

ドラゴンクエストなどのゲームやロボットアニメ、仮面ライダー、すべてそうですが、主人公は誰もいきなりラスボス（最後の敵）を倒せるほどの強さを持ち合わせていません。自らの意思で自分を動かし、倒せる敵からやっつけて経験を積み、新しい武器を手に入れ、仲間と協同し、自らを強くしていって、はじめて倒せるのです。

期日を切り、守るということは、自らの意思でラスボスを倒す期日を決めることです。今のスキルと経験で倒せる雑魚ばかりを相手にしていても、あなたは強くなれません。

今より稼げるようになるためには、高い目標と期日を決め、どうすればできるかを考え、主体的に行動していくしか道はないのです。

03 稼げる人は、納期を宣言し必ず守る！

04 稼げる人は文章が「わかりやすく」、稼げない人は文章が「伝わらない」。

仕事を進めるためには、「言葉」でコミュニケーションをとることが必要です。口頭でのやりとりもありますが、ちゃんと相手に伝「わ」るには、的確な文章が書けなくてはいけません。相手に正しく伝「わ」らなければ、相手の時間を無駄にしていると考えるべきです。

メールは複数の人に送ることもあるので、特に文章力が必要です。それぞれの人に勝手な解釈をされてしまうと困ります。「これはこういう意味ですか？」という返信が来たら最悪です。

ポイントは、

- 報告、連絡、相談、依頼のどれにあたるのか、種別をハッキリさせる
- 結論を真っ先に書く

- 短文で書く
- 期日を明確に書く
- どうしてほしいのかネクストアクションを書く

などです。

また、日本語は主語が省略されやすく、主語と述語の距離が遠くなりやすい言語です。**主語と述語の距離を縮めることを意識すれば、わかりやすくなります。**

もうひとつのコツとして、わかりやすい言葉を選ぶというのがあります。

例えば「戦略」という言葉を使うと、方針を指しているのか、計画を指しているのか、人によって定義や解釈がずれてしまう可能性があります。伝「え」ることではなく、伝「わ」ることが目的なので、なるべく簡単で誤解をまねかない、やさしい単語を使うように心がけましょう。

文章は「誰に」伝えたいかで表現が変わってきます。

社内なのか、社外なのか、専門家なのか、詳しくない人なのかによって、用いる言葉が変わります。技術者同士であれば、専門用語をある程度知っている前提で文章を書けばいいのですが、経営者、現場の社員、大学生に同じ内容を説明するとなると、使う文章や事例も相手の知識・関心に合わせる必要があります。

文章力を上げていくには、読み書きの量を増やしていくことが必要です。筋トレや英会話と一緒で、日々の精進が大切です。毎日大量の文章に触れ、自分でも実際に毎日書き続けることで文章能力は上がってきます。

今はSNSやブログがあります。仕事の機密事項を書いてはいけませんが、伝えたい読者を想定し、日々実際に文章を書いてみてください。ツイッターで短文をまとめて反応を見るのもいいでしょう。

「いいね！」などの反応や感想が想定した通りであればいいですし、逆にズレたならば文章の表現を見直すヒントになります。

文章の表現力を身につけるには、「同じ単語は使わない」「一般的な表現を使わない」ということを意識してみてください。

石塚英彦さんをはじめ売れっ子のグルメレポーターは、「おいしい」という言葉を極力使わないそうです。そうすることで、色合い、香り、風味を含め、どうおいしいかを伝えるセンサーが敏感になるそうです。

「おいしい!」だけだと、視聴者にきちんとした情報が伝わらないそうです。

「文章は下手なので口頭でフォローする」と言う人がいますが、話している言葉を録音して活字にしてみると、伝わるようにはなっていません。

人となりや勢いといった側面を活用して、一見伝わったように思わせているだけです。もしくは、ちゃんと伝わっていなくても、相手が長年のつき合いの中から「こうしてほしいのか」と察しているだけです。

自分の文章がわかりやすく伝わるかをどうか知るには、子供や専門外の人に見てもらいましょう。編集者の中には、親や子供に定期的に文章を見てもらい、フィードバックをしてもらっている方もいるようです。

04 稼げる人は、相手を動かす文章を一行で書ける!

05 稼げる人は「捨てる基準」をつくり、稼げない人は「残す基準」をつくる。

あなたのデスクは、スッキリしていますか？ それともモノが散乱していますか？

パソコンのデスクトップは、たくさんのファイルで覆《おお》われていませんか？

意識しないと、身の回りはすぐにモノであふれます。

モノが多いことの最大の罪は何か？ それは、モノを探すのに時間がかかることです。

稼げる人は、価値を生まない時間が嫌いです。「探しもの」をなくせば、その時間は確実に「価値を生む」仕事ができるのです。今は、必要なモノも「シェア」する時代です。

稼げる人はモノを最小限しか持たないミニマリストです。

逆に稼げない人は、鞄、データ、ファイルすべてがぐちゃぐちゃです。どれかひとつだけでもきっちりとシンプルに管理できているということはありません。

ところで、整理と整頓の違いはご存じですか？

「整理」とは、必要なものと不要なものを振り分け、不要なものを捨てることです。
「整頓」とは、必要なものを機能的に配置することです。

つまり、整頓の前に整理が必要なのです。

整理が不十分だと、いくら整頓しようとしても、そもそもモノの量が多いため、わかりやすく配置することが難しくなります。また、場所がわかっていても、とり出すのに時間がかかるので非効率です。

モノを捨てる基準を「いる」「いらない」で判断すると、「いや、使えそうかも」と考えてしまい、結局片づかないままになってしまいます。ですから、一旦全部捨てる。その上で「なくしてしまうと、どうにもならない」というものだけを拾う。これくらい大胆で、ちょうどいいのです。

稼げる人は、モノをギチギチにため込んだりしません。「捨てる基準」を持っています。

資料やファイルなどのデータは、「9割のデータは捨てるのが前提」という意識を持ちましょう。

残す必要があるのは、法律・契約関連、クライアントへ納品した資料。「言った、言わない」にならないように、言質《げんち》を含んだメール。納期、価格、量といった仕事の発注・受注に関するメールくらいです。

データや資料、メールはその場で判断してどんどん捨ててしまうようにしましょう。

そして、いったん整理したら、その状況をいかにキープするかが重要です。たまにやろうとするから大変になるので、習慣にしてしまいましょう。

一流の料理人は仕事を終えると、次の仕事のためにすぐに道具を磨《みが》き、店や台所をきれいに整えます。

同様に稼げる人は、仕事が終わったら、いらない書類やファイルをすべて削除し、デスクをきれいにしてから帰ります。常にちゃんと一流の仕事ができる環境を整えているのです。

仮に自分が今死んでも、代わりの人が書類やデータを見たらわかるように、ルールに沿って整理することは必須です。

一人ではなく、プロジェクトなどの複数名で仕事をしているときは、全員で整理整頓するルールを決めてしまいましょう。

私も週に1回、時間を決めて全員で資料やデータを整理整頓するようにしていました。最低でも週に1回はやらないと、習慣にならないし、データもたまってきてしまいます。

また、データをすべて自分で持つ必要はありません。ほしい人に渡しておき、自分が必要になったときにもらうようにすればいいのです。重複してデータを持っていると、誰かがデータを更新したときに、旧バージョンと新バージョンの2種類ができてしまい、混乱やミスを招きます。

「捨てる基準」は意識しないと決まりません。書類、データ、メールなど、すべてをスッキリさせて、探すムダな時間とストレスを減らしましょう。

05 稼げる人は、モノが少なく、手ぶらに近い!

06 稼げる人は「分身」をつくり、稼げない人は「一人」で仕事に対応する。

仕事は速くて正確な人に依頼が殺到します。確実に納期、品質、量を守ってほしいからです。

新規プロジェクトへの参加、経営資料の作成、企画の作成、人の紹介など、大きなことからちょっとしたことまで、稼げる人のところにはさまざまな仕事の依頼が来ます。しかし、すべてを受けてしまうと、本来やらなければいけない仕事をする時間が大きく削られてしまいます。

当然慣れている人が担当するのが一番速いですし、確実です。しかし、いつまでも同じことを繰り返すだけでは、稼げない人になってしまいます。

そこで、稼げる人は自分一人で仕事を請け負うことはしません。**「速くなった、新しくなった、量が増えた、質が上がった、停滞から抜け出せた」など、今までにない価値を生**

むことに集中するのです。

コピーやエクセルで資料を作成するような作業は当然のこと、企画や折衝、アフターフォローまで、あなたのように仕事ができる「分身」をどんどんつくり、仕事を振ります。

そのためには「やっといて！」と仕事を依頼するのではなく、**具体的なノウハウを他の人でも使えるように資料、フォーマット、ツールに落とし込んでから、指導する必要があります。**急がば回れで、最初に丁寧につくっておけば、すぐに他の人でもできるようになります。

そして、「その仕事ができると、どんなメリットや意味があるか」をうまく伝えれば、進んで仕事を受けてくれるようになります。

また、物事を判断するときの基準がバラバラだと、結果にズレが生じるので、何か起きたときはどう判断するかもきちんと教えておきましょう。

分身は双子のように「自分そっくり」の能力レベルまで高める必要はありません。

エクセルのグラフと表作成なら新入社員のAさん、企画書の雛形《ひながた》づくりなら中堅社員の

Bさん、といったように、相手の持ち味に合わせた作業だけできるようになってもらえればOKです。

相手も興味関心に沿っている仕事だとやりやすいですし、さらに能力の向上が図れると思ってもらえれば、進んでやってくれるようになります。

また、**分身は自分の得意分野だけではなく、苦手な分野にこそ必要です。**

新規開拓をするのが得意な人は、フォローが苦手だったりします。新しいアイデアを考える人は、具体的な実行プランをつくるのが苦手だったりします。

このように、あることが人より頭ひとつ飛び抜けている人は、その真逆のことが苦手な場合が多いのです。

苦手なことほど、ちゃんとフォローしてくれる分身をつくっておきましょう。そうすれば安心して、自分しかできない価値ある仕事に集中できるようになります。

あなたがいなくても、「よほどのことがない限り仕事は回る」くらいまで、分身をつくることが理想です。

分身とは少し違いますが、私が所属した外資系コンサルティング会社は、提案書や方法論、ツール、事例集が、一定のルールで世界共通で使えるクラウド上にアップされていました。おかげで、ゼロから毎回資料を作成する手間がかかりませんでした。

ですから、課題設定や問題解決といった、コンサルタントが価値を生み出さなくてはいけない仕事に、多くの時間を投入することができました。

あなたも自分自身が持っているノウハウを一度整理してみるといいでしょう。

人に教えることで、もっと理解が深まるようになります。曖昧《あいまい》さや詰めの甘さがあった場所もクリアになるのでお勧めします。

06 稼げる人は、自分の8割の仕事とノウハウを周りとシェアしている！

07 稼げる人は「どこでも」仕事を行い、稼げない人は仕事場を「選ぶ」。

大企業では個人のデスクを固定しない「フリーアドレス」の職場が増えてきています。席が固定されておらず、図書館のように毎日座る場所を変えることができる職場です。

一人でこもって仕事をしたければ、デスクに区切り（パーティション）があるところで集中すればいいですし、何名かのプロジェクトであれば、会議室やオフィスの一角に集まりディスカッションしながら仕事を進めた方が、生産性も上がるからです。

このスタイルをとると、デスクを掃除して帰らなくてはいけません。書類やファイル管理もルールを守らなくてはいけなくなります。ロッカーが小さければ、必然的にオフィスに置く資料も必要最低限になります。こんなメリットが企業側にはあります。

私が所属したアクセンチュアはまさにこのスタイルで、当時社員約5000名に対しデスクは300程度しかありませんでした。

クライアント先に常駐したり、世界を飛び回ったりしながら仕事をしているので、全員分の机は必要ありません。

基礎研究や工場、コールセンターなど、決まった場所でしか仕事ができない人でなければ、どこでも仕事ができるようにしておくと効率的です。

ここでキーになるのは、**外に持ち出せる仕事をちゃんと整理しておく**ことです。

ただし、**外に持ち出せるようにするには、情報漏《ろう》えい対策が必要**です。

カフェで企画書やレポートを書いている人がいますが、会社名などが思いっきり画面に映っているケースが多々見受けられます。「〇〇株式会社 リストラ計画書」が、周りに見えてしまったらどうでしょう。ツイッターなどでつぶやかれたら、謝って済む問題ではなくなります。

ノートPCを席に置いたままトイレにいく人もいますが、盗まれるリスクがあります。

横から見えないフィルムをPCの画面に貼る、社名や機密部分を「〇」などの記号にして、社に戻ったら一括変換して元に戻す、トイレに立つときはノートPCや機密資料は持ち歩く。これは徹底しましょう。

机とノートPCを結びつける鍵もあるので、それをつけるのも一案です。海外ではホテルの部屋でも、ノートPCをテーブルと鍵で結びつけます。

出先で中途半端に時間があいたときに、細切れ時間で仕事ができれば、カフェなどで効率的に仕事をすることができます。

5分もあれば仕事は結構できます。普段の仕事を細かく洗い出し、5分以内で完結できる仕事をピックアップしておくといいでしょう。

私も外資系のコンサルティング会社にいたときは、移動でタクシーに乗った瞬間に行先を告げ、ノートPCを開いてメールをチェックし、ボイスメールを確認していました。長文や細かいチャートを書くのはタクシー内では不向きでしたが、やれる仕事はたくさんあります。

また、**隙間《すきま》時間を効率的に使えるようになるには、仕事の立ち上がりを早くする必要があります。**もたもたしていたら、準備だけで時間がなくなってしまいます。イチロー選手にはバッターボックスに入るときに同じ動きをするルーティンがあるように、自分のルーティンをつくっておけば仕事の立ち上がりが早くなります。

また、短時間でも仕事がどんどん進んでいくと集中力が増しますし、仕事のリズムも良くなります。

ルーティンのコツは「メガネをさわる」等、1ステップで完結することです。たくさんのステップがあると、仕事を立ち上げる前に余計な時間がかかります。

すべての仕事を外でもやれということではありません。集中できる落ち着いたスペースにずっといられるのなら、それに越したことはないでしょう。

そうでなければ、隙間時間を効率的に使えるようなクセをつけておく方が、仕事を進める上で有利になると思います。

07 稼げる人は、どこでも仕事ができるように準備している!

08 稼げる人は「一人」を口説き、稼げない人は「大勢」を魅了しようとする。

プレゼンテーションとは、まさに「プレゼント」です。

こちらがどんなにいい内容だと思っても、相手がほしいものでなければ意味はありません。

どんなにきれいなチャートや、誠心誠意を込めて情報をたっぷり詰め込んだ資料でも、相手のニーズや関心事にフィットしなければ価値はゼロです。

一方で聞き手のニーズがきちんと入っていても、理解しにくい残念なプレゼンを見かけることもあります。

理解しにくいプレゼンになる原因は、情報量が多すぎること、内容の繰り返しが必要以上に多いこと、冗長な文章でパッとわからないことなどが挙げられます。

自分がプレゼンを受ける側だったら、知りたいことだけをシンプルに、楽に聞きたいはずです。

大事なのは引き算です。

プレゼン資料をつくる過程で、たくさんのことを調べ、それに基づいて考えたことを全部伝えたくなる気持ちはわかりますが、そこはグッと抑えてください。

プレゼンは説得ではありません。一人ずつ口説くように、相手の関心事に素直に答えない限り伝わりません。

資料も目的によって形態を変えてください。

よくシート1枚につき1メッセージのシンプルなものがいいとされていますが、それは状況によります。もし1シート1メッセージで100ページの資料であれば、なんだかわからなくなります。

プレゼンの人数が少なく、具体的な内容を担当者間で詰める場合は、トヨタのA3の1枚シートではないですが、1枚の中に検討すべき内容をすべて入れておいた方がわかりやすくなります。

パワーポイントは紙芝居にすぎません。1枚めくったら前のチャートは消え、目の前のチャートに集中することになります。ですから全体像を見ながら比較検討する場合は、紙が大きくても1枚に入っている方がわかりやすくなります。

先行きが見えず、不安になるようなプレゼンもよく見かけます。

そうならないようにするには、話すポイントがいくつあるかを、あらかじめ示しましょう。

ポイントが3つと言われれば、相手の頭の中には「受け入れボックス」が3つできるので、そこへ届けてあげればいいのです。

プレゼンは、一方的に説得する場ではありません。

相手の関心事に答え、不安を払拭《ふっしょく》し、「あなたにお願いしたい」と信頼してもらう場です。

ですから、**質疑応答のときは、相手にたくさん話してもらうことがポイントになります。**特に、相手のキーパーソンに話してもらうことが重要です。

人は話を一方的に聞くだけでは、なかなか理解が進みません。しかし、話そうとすれば、頭の中で再構成し、整理されていくので理解が高まるのです。

質問に限らず、意見や感想でも構いません。とにかく相手にたくさん話してもらいましょう。

プレゼンは、終わりよければすべてよしです。プレゼン自体ももちろんですが、最後の質疑応答を盛り上げることを意識してください。

稼げる人は、立て板に水のように話がうまいとは限りません。

大事なことは、うまく話すことではなく、相手に集中して、相手の目や反応を見ながら一人ひとりと対面で話すようにすることです。

プレゼンはテクニックを覚えたり準備に力を入れたりすると、持っているものを全部出して魅了したいと考えがちです。しかし、勝てるプレゼンはその逆なのです。

08 稼げる人は、シンプルなプレゼンをする!

09 稼げる人は「真っ先」に発言し、稼げない人は「最後」に発言する。

会議の中で最も評価されるのは、「最初に発言する」人です。

実際、私も600以上の企業で選抜された6500名以上の次世代リーダーを見てきましたが、「最初に発言する」ことは、皆さん共通していました。
- 空気を読まなくてはいけない
- 何かトンチンカンなことを言ってはいけない
- 会議の状況と上司の顔色を見ながら、最後にいいコメントをしようなどと考えて黙っていても、周りからはすぐに見透かされてしまいます。戦国時代でも一番槍《やり》が評価されたように、会議でも一番の発言は評価されます。
外資系企業では、**会議の場で発言しなければ出席していないのと同様に見られます。**

「賛成です。○○さんの意見と同じです」しか話さないのも同義です。

日本人なので、そうは言っても最初に発言するのは怖い、という気持ちもわかります。しかし、最初に発言することが評価され、認められるのも事実です。

そこで、ひとつ技を教えます。

事前に会議のポイントを1枚に「たたき台」として用意し、会議のスタート時に配布して、その中身を話すのです。これであなたは、会議で意味ある内容を最初に話したことになります。

たたき台の中身は、

- 目的：結論を出すのか、アイデアを出すのか、意思伝達や状況の共有なのか
- ゴール：会議終了時刻までに、どんな結果が出ていればいいのか（どんな結論が出ていればいいか、アイデアはどの程度までの量や質があればいいかなど）
- 論点：会議の目的を果たすために何を議論すればそこに至るのか

これらをペラ1枚にまとめればいいでしょう。

意思決定者や会議メンバーから見ると、会議の背骨となるたたき台が用意されているのは、ありがたいと感じます。

日本企業では、いくら事前に資料をメールしても、ほとんど見ないで会議に参加される人が多いと思います。当然そんな人はいない方がいいに決まっていますが、人によって目的やゴールの落としどころの認識がずれている可能性もあるので、会議の最初に確認することはとても価値があるのです。

特に議論の中心となる論点を洗い出していると、何を議論すればいいのか、目線が揃《そろ》うので会議の進行が速くなります。

論点がバラバラだと、思いつきで話をする人が必ず出てきます。

いろいろアイデアは出ても、論点がないので結論が出ず、多数決か、最後に上司の一存で決める、といった不毛な会議になることもあります。議論がずっと先に進んだあとに、「そもそも論だけど」と前提がひっくり返り、議論のやり直しになることもあります。

ですから、どんな観点で議論すればいいか、その羅針盤を出すことが重要なのです。

たたき台に書いた論点がズレていても構いません。たたき台としてその場にあることが一番の価値になります。

たたき台の中身が間違っていたのであれば、その場で議論して修正していけばよく、仮に論点がずれていた場合でもおとがめはありません。この場合どんな論点を設定すればよかったのかを考える機会になり、自分の学習にもつながります。

注意すべきは、会議のキーマンの意図とズレたときです。

そこで、

「あくまでもたたき台として、本日の会議の検討資料をつくってみました」

「すみません、確認をかねて私の方でたたき台をつくってみました」

と、「たたき台として」とか「確認をかねて」という言葉を最初につけておきましょう。

すると、「俺の意図とは全然違う!」などと言われるリスクが避けられます。

09 稼げる人は、会議のたたき台を準備してから出席する!

Chapter 2

未来を築く「キャリア」の習慣

10 稼げる人は「たのしい仕事」を目指し、稼げない人は「やりたい仕事」を目指す。

稼げる人は、自分が一番活躍できる土俵を知っています。

その土俵で確実に勝つことで信頼を高めます。**「あの領域の仕事なら、必ず結果を出してくれる」といううわさを周りに広めていくのです。**

安心感・信頼感を周りに与えられれば、チャンスが舞い込む確率が上がります。自ら手を挙げても承認されることも多いでしょう。

勝てる土俵を知るには客観的に自分を見つめ、自分の「持ち味」を知る必要があります。

イチローが歴史に残る野球プレーヤーであったことを否定する人はいないでしょう。しかし、誰も毎年ホームラン王になることは期待しなかったでしょう。

俊足を活かし内野ゴロでもヒットにして打率3割を超える、強肩を活かしたレーザービームと呼ばれる送球でランナーをアウトにする、といったイチローの「持ち味」に沿ったプレーや結果を求めているはずです。

稼げる人になるために本当に大事なのは、最初に自分の「持ち味」を活かした立ち位置をとることなのです。

横綱をはじめ強い力士には、必ず勝てる「型」があります。相手からすれば、その「型」にもっていかれたら必ず負けてしまうので、いろいろと手を尽くします。しかしそれでも強い力士は、自分の「型」にもっていきます。

逆にその「型」にもっていけず、負けてしまうようになると引退を考えるそうです。それだけ力士は「型」にこだわっているということです。

しかし、持ち味を考えるとき、壁になることがあります。

それは「周りからよく見られたい」という心理です。

代表的なのは「目立つ」ポジションに座りたいと考えることです。

4番でピッチャーといったエースに憧れることは、人間の性《さが》とも言えます。しかし、エースの枠は1つしかありません。

どんな映画やドラマも、主役の枠は1つしかありません。他の役者はどんなベテランでも、主役のキャラを引き出すため、自分の持ち味を活かして支えるのと一緒です。

人は「強み」ではなく「持ち味」で勝負しなくてはいけないのです。

ソフトバンクの孫正義さんの持ち味はスピードです。ツイッターの書き込みでも、いいアイデアだと思えばすぐ実行します。楽天の三木谷浩史さんは堅実性です。興銀時代に培った目上の人のつかみ方を駆使し、新参者なのに野球球団を買収するなど、アグレッシブなことも確実に仕留めます。このように、それぞれ独自の領域で持ち味を活かしています。

では、持ち味を見つけるにはどうしたらいいか？

まずは、他人の声を聞くことです。

●今の仕事で上司、先輩、同僚から普段お願いされていることは何か

●家族や親友からお願いされることは何か

他人は意外と冷静にあなたを見ています。嫌な面もいい面も丸見えです。身近な人に率直に聞いてみましょう。

キーは「ありがとう」の声です。「ありがとう」と周りが感謝をし、認めてくれていることが、あなたの提供価値であり、持ち味なのです。同じ事務職でも、

- 正確でありがとう
- 素早くてありがとう
- 気が利いてありがとう

というように、ありがとうの声は一人ずつ違います。

持ち味に気づき、活かすことは、あなたの成長を加速させることになります。

人は「あなたのなりたい姿」に共感してくれるかもしれません。しかし、仕事はその人の持ち味や過去の実績に応じて依頼するのです。稼げる人は「やりたいか」より「たのしいか」で仕事を選びます。なぜなら、持ち味に沿った仕事であれば、必ず「たのしく」なり、ラクに速く結果が出ることを知っているからです。

稼ぎ続ける人は経営者、企業人にかかわらず、自分の持ち味の領域に立ってから経験や知識を積み上げていきます。急がば回れではないですが、「なりたい自分」より、「求められる自分＝持ち味」を見つめるところからスタートしましょう。

⑩ 稼げる人は、自分の強みではなく、持ち味を仕事に活かしていく！

11 稼げる人は魅力を「コンプレックス」で考え、稼げない人は「よく見せよう」として嫌われる。

稼げる人は、「勝てる」領域で確実に勝ちます。

小さな勝ちでもいいので、勝利を積み重ねて信頼を高めていきます。

最初は信頼を会社の看板に頼るかもしれませんが、徐々に経験を積み「個人のブランド」を高めていくのです。

個人のブランドとは、「この人は何屋で、どんなことをやってくれるのか」、「どんな結果を出してくれるのか」を保証するものです。

例えば「速い」ことが売りならば、他者よりも速く仕上げるのです。

個人のブランドを高めるには、自分は周りから「こう思われている」ということを理解し、その信用を積み重ねることが必要です。

作曲家&プロデューサーのつんく♂さんが、テレビで「『この曲絶対に売れるな』とわかるときがある」と言っていました。

担当する歌手が「これ私が歌うんですか！」と嫌な顔をすると、売れるそうです。プロデューサーは客観的に見て、その人の持ち味を最大限に引き出す観点で曲をつくります。しかし、持ち味を本人は好きでなかったり、よく見せたい方に意識がいったりすることが多いそうです。

「私、これは嫌だ！」という反応があれば、本人が嫌がるくらいに持ち味が引き出されている証拠だと、つんく♂さんは言っていました。

自分の強いところだけでなく、弱いところや醜いと思っていることも愛することが、個人ブランディングのスタートになります。

また、個人のブランディングで必要なのは、何かの特徴が秀でていることです。ひと言で「あいつはこういう奴だ」と言われなければいけません。

「そこそこ優秀だよ」ではダメで、「海外だろうが一人で乗りこんで仕事をとってくる新規開拓の天才」と呼ばれるくらい突き抜ける必要があります。

さらに、個人のブランディングには、自分の持ち味を活かした「魅力」が必要です。

すべてをパーフェクトに仕上げて他を圧巻できるのはＧＡＣＫＴさんくらいになるしか

なく（笑）、普通の人は現実的ではありません。稼げる人は無理なキャラ設定をしません。持ち味とともに、欠点やコンプレックスの見せ方を考え、魅力に変えるのです。

簡単なので実際にやってみましょう。**コンプレックスや欠点を「いい意味で」置き換えると魅力に変換されるのです。**

ビジョンがない↓いい意味で置き換える↓柔軟で何でも素直に受け入れる

オリエンタルラジオの中田敦彦さんは相方の藤森慎吾さんのことを『天才の証明』（日経BP社）の中でこう述べていました。藤森さんはもともと器用な人。柔軟で何でも素直に受け入れ、歌って踊るチャラ男キャラから俳優までうまくこなせるので、皆に愛され、人気が出ているというのです。

一つの魅力しかなければ組み合わせましょう。格闘技ゲームではダメージの小さい技も複数重ねた「コンボ」にすれば、大きなダメージを与えられるのと一緒です。

魅力は能力にギャップがあると膨らみます。

- 用意周到なのに、真っ先に行動する
- 全体を捉えることが得意なのに、細かいところにも気づく
- 論理的に考えることが得意なのに、話し方はすごく情熱的

こうしたギャップが相手を引きつけます。

ポイントは「OR（どちらか）」ではなく、「AND（両方とも）」で成り立たせることです。そして、ポジティブとネガティブの対極ではなく、両端ともポジティブの対極で成り立たせます。

「どちらかに絞り込む」という「OR」で発想しないでください。どちらかではなく、ビジネスでは両方とも大事なのです。

勝てる領域で、魅力あるギャップがオンリーワンの存在感を生み出します。ぜひあなたも「AND」の魅力の足し算で、独自の存在を目指してください。

⓫ 稼げる人は、オンリーワンの存在感を示している！

12 稼げる人は「市場」を選び、稼げない人は「評価」を目指す。

「あなたの市場価値はいくらですか?」と聞かれて、あなたは即答できますか? 結構ビビりますよね。でもご安心ください。**市場価値はあなたのポテンシャルやスキル、経験、資格で決まるものではありません。**

市場価値とは、「仕事の値札」です。労働市場の中で、業界、組織規模、職種、職位などによって決まります。

システム開発の現場でまったく同じ仕事をしているのに、小規模の下請け企業からの派遣だと報酬は低くなり、元受けや大企業から派遣されたほうが同じ仕事でも高い報酬を貰《もら》えます。まさに、それこそが市場価値の差です。

同じ人事課長の仕事でも、介護福祉業界の場合、年収は平均437・5万円です。ところがテレビ業界になると、1500万円は超えます。

同じ仕事で同じ役職でも、業界が違うだけで3・5倍の報酬差が生じます。

同じ仕事をするなら高年収を貰える業界にいたほうが、割は良くなります。逆にどんなに優秀で成果を出していても、報酬水準の低い業界にいると高年収は貰えません。稼げない人は評価を求めて頑張る傾向がありますが、稼げる人はドライです。同じ仕事をするなら、高い報酬を貰える業界や会社を狙います。

もちろん、仕事はお金だけではありません。世の中の役に立つかどうか、やりがいを感じられるかどうかなど、トータルに仕事を選ぶ訳ですが、稼げる人は同じ条件なら、より多く稼げる業界や会社のほうを選びます。

報酬を調べるのは簡単です。厚生労働省が毎年発表している「賃金構造基本統計調査」で、業界、規模、職位、職種別の報酬を知ることができます。(https://www.mhlw.go.jp/toukei/list/chinginkouzou.html)

報酬の統計でわかるのはあくまでもマクロの視点です。どの企業が有利かを報酬面で見極めるには、もう1つの視点が重要です。それは「賃金カーブ」です。

賃金カーブとは、年齢ごとにいくら給料が貰えるのか、モデル水準を示したものです。日本企業では、新卒から若手の間は報酬水準にあまり差がつかず、35歳を過ぎたあたりか

図1　注意すべき賃金カーブのモデル

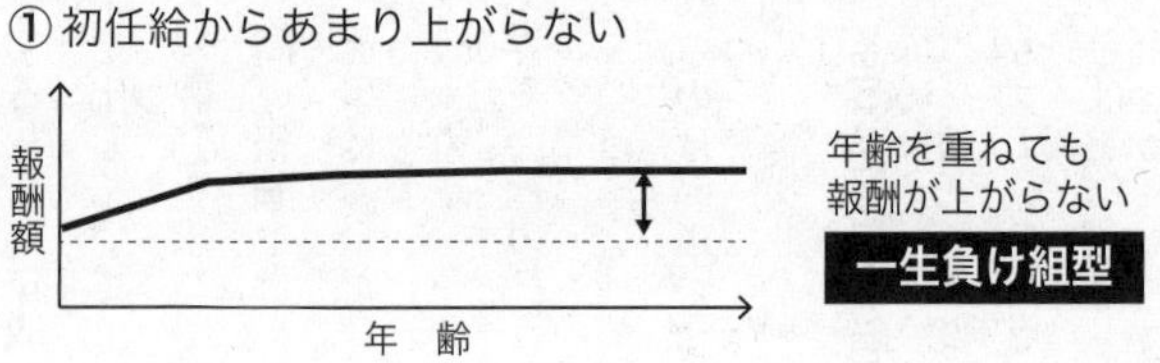

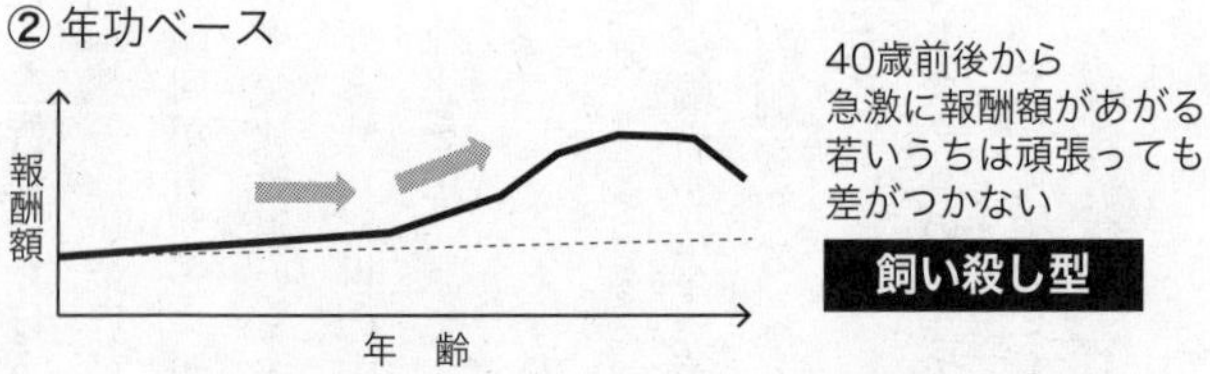

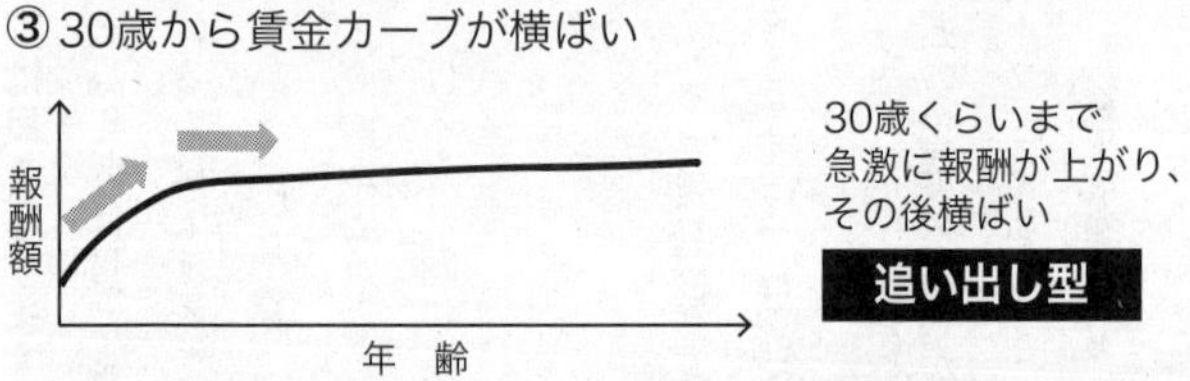

ら報酬格差が広がるように賃金カーブが設定されていることが大半です。
図1をご覧ください。注意すべき3つの賃金カーブがあります。解説しましょう。

①初任給からあまり上がらない

これは初任給から少しずつしか昇給しないモデルです。仕事に対する生産性が年齢や経験によってほとんど変わりません。「このお仕事はいくら」と値札がついています。コールセンターのスタッフやカフェの店員は、こうした賃金カーブになっていることが珍しくありません。「カフェの仕事は大好きだけれど、35歳を過ぎても年収300万円で、これ以上上がる見込みがないのは厳しい。かといって、もうカフェの店長か店員ぐらいしか転職できない。若い時に知っておけば……」なんて愚痴をこぼさないよう、必ずチェックしておいてください。

②年功ベース

若いうちはほとんど給料が上がらず、40歳を過ぎたあたりから急に上向きになるタイプです。こうした賃金カーブの業界や組織にいるのは危険です。会社は40歳を過ぎて潰しがきかなくなってから社員に報いようとするので、長期雇用が前提になります。しかし、令和の時代、長期雇用はリスクでしかありません。

また、若いうちは給料に差がつかないので、成長意欲が失われがちです。そして仕事をしない中高年を増殖させることにつながります。転職もできないので、周りを蹴落としてでも組織に残ろうとします。

③ 30歳から賃金カーブが横ばいに

若い時にガンガン頑張って成果を出せば、昇進もするし給料も上がる組織です。一見素晴らしいように思えますが、落とし穴があります。30歳を過ぎたころから賃金カーブが寝てしまうのです。するとどうなるでしょうか？　頑張って成果を出しても給料の伸びが低くなるので、一生懸命頑張るのがバカバカしくなって、社員がどんどん辞めていきます。若手が汗を流して体力勝負で頑張るビジネスモデルの業界や会社に、このタイプが多く見られます。

実はこうした企業では、**表に出ない優秀な人が裏側にいて、額に汗すれば誰でもできるビジネスモデルを設計し、現場を動かしているのです。**

彼らは、「うちの会社の営業は優秀なので、どこに転職しても通じる」という認識を営業スタッフの間に広め、彼らが辞めていくことを当然の仕組みにしています。

つまり、現場で頑張る若手はただの兵隊で、「個人技である程度までは成果が上がるが、その後は高い確率で壁にぶち当たる＝その水準までは十分な報酬を払う＝だいたい30歳くらい」という図式のビジネスモデルを作り上げているのです。

そして会社に残れるのは、新しいビジネスモデルを作れる人材か、兵隊を統括できる優秀なマネジャーだけという仕組みになっています。

こうした会社の場合、儲かる仕組みを描く裏の人になるか、ある程度割り切って、スキルと人脈を築いた上で次に移るか、の選択をする前提で働くしかありません。

いずれにしても、**見極めるのは「40歳の年収水準」です。**40歳はどの賃金カーブのパターンでも特徴が出ているタイミングになるので、見誤るリスクが少なくなります。東洋経済新報社が発表した全国「40歳年収が高い500社」ランキングが参考になります。

(https://toyokeizai.net/articles/-/234145)

なぜ、稼げる人は同じ仕事なら報酬水準が高い会社を選ぶのでしょうか。それは転職に有利になるからです。転職の年収は、業界の市場水準と本人の現在の報酬水準を加味して決まります。ですから、現在の年収が低いと、報酬水準が高い業界に転職しても、前職の安い報酬額をずっと引きずり不利になることを、稼げる人は知っているのです。

⑫ 40歳のリアルを知り、働く場所を見極める！

13 稼げる人は「できる人」と認知され、稼げない人は「やりたい人」と認知される。

仕事を誰かに任せるときや、リーダーを選ぶときは、何人かの候補者を考えます。

当然、過去の実績が重視されます。仕事を任せる側は常にその分野のナンバー1にお願いしたいと思うからです。

しかし、100%実績だけで選ばれるとは限りません。

「あいつなら、いい結果を出してくれるだろう」「彼ならやりきれるはずだ」というような期待を周囲に抱かせられる人が選ばれるのです。

具体的には、**「意欲」がある人**です。

「どんどん仕事を入れてください」「大きな仕事も任せてください」と思っている人には、ポジティブで意欲あふれるオーラが漂っています。

このオーラは、不思議と直接口に出さなくても、態度や発する言動の端々ににじみ出ているのです。このオーラを周りは察しています。

一方、どんなに実績がある人でも、「今忙しいのでこれ以上は無理です」「その仕事はやりたくありません」などと仕事を選んだり、拒絶したりする人には、チャンスが回ってきません。

しかし、「やらせてください」という意欲だけでは物足りません。**稼げる人は、この人はできるという「安心感」を出しています。**

「こいつならできそうだ」という安心感は、普段の言動から生まれます。

具体的には、

- 過去：どんな役割を担い、実績を出してきたか（実績・得意分野）
- 現在：今どんな仕事をしているか（現在の状況・空き具合）
- 未来：過去、現在を踏まえて具体的にどんなことをしていきたいか（意思・意欲）

を、普段から端的に周りに話しておくといいでしょう。過去→現在→未来の3点をセットで話すのがコツです。

過去実績のアピールだけでは、自慢話になってしまいます。

現在やっていることだけでは、「既存の仕事以上にできる余裕があるのか」という視点だけで見られてしまいます。

未来だけでは、「やりたい」という要求でしかありません。

この3つをセットにすることで、相手は「こいつに任せよう！」と判断するのです。

過去、現在、未来を普段から語り、「あの人はこういう人だ」という認知を広げていきましょう。これを続けることで、自分の動機づけにもなります。

候補を選ぶときは、本人のオーラだけではなく、周りの評判も必ず確認されます。なので、周りから「あの人はこんな実績で、こんなことをしている」と率直に伝えてもらえる土壌が必要です。

それには、言行を一致させることと、周りに余計な敵をつくらないことです。あなたが大活躍していることが事実でも、自慢していたり、横柄な態度をしていたりすれば、周りはいい印象をあなたに抱きません。

「実績は出しているけどあいつはダメです。天狗になっていて上司の言うことは聞かないし、部下をちゃんと指導していません。一人で仕事を抱えて周りに自慢しています」と言われてしまったら、それでアウトです。

そうならないようにするためには、仕事がうまくいくのは周りの皆さんのお蔭《かげ》と感謝し、「ここが助かった、ありがとうございます」と具体的に言うことです。

感謝は具体的に言葉にしなくては、相手の記憶に残りません。何がよかったのかをきちんと相手に伝えましょう。

言行一致し、周りに気配りできる人は、自ずと周りから応援され、評判が上がるのです。

「やりたいだけの人」は周りから煙たがられます。

⑬ 稼げる人は、過去・現在・未来で自分のことを語れる!

14 稼げる人は「横」、稼げない人は「上」を目指す

稼げる人は「儲かる市場」にいることで、自分の市場価値をあげると項目12で解説しました。実は、もう一つコツがあります。稼げる人は、キャリアを上ではなく、横にスライドすることで、市場価値を倍増させます。**ライバルがいない唯一の人材なので、いつでも転職でき、欲しいタイミングで欲しい収入を得ることができます。**

稼げない人は、市場よりも社内で評価・賞賛を得ることを喜びます。やがて一つの会社の中だけでなく、同じ業界内でも上を目指します。その結果、図2左の状態になります。上にあがればあがるほど、椅子の数は少なくなります。ライバルも同期だけでなく、上司や先輩と1つの椅子を争うことになります。さらに会社内だけでなく、同業の有名人まで含めた椅子取りゲームになるので大変です。

この道一筋で頑張っても、気がつけば転職が難しい年齢になっているかもしれません。

図2　専門性や持ち味を「横」にズラすると、オリジナルの価値とポジションが生まれる

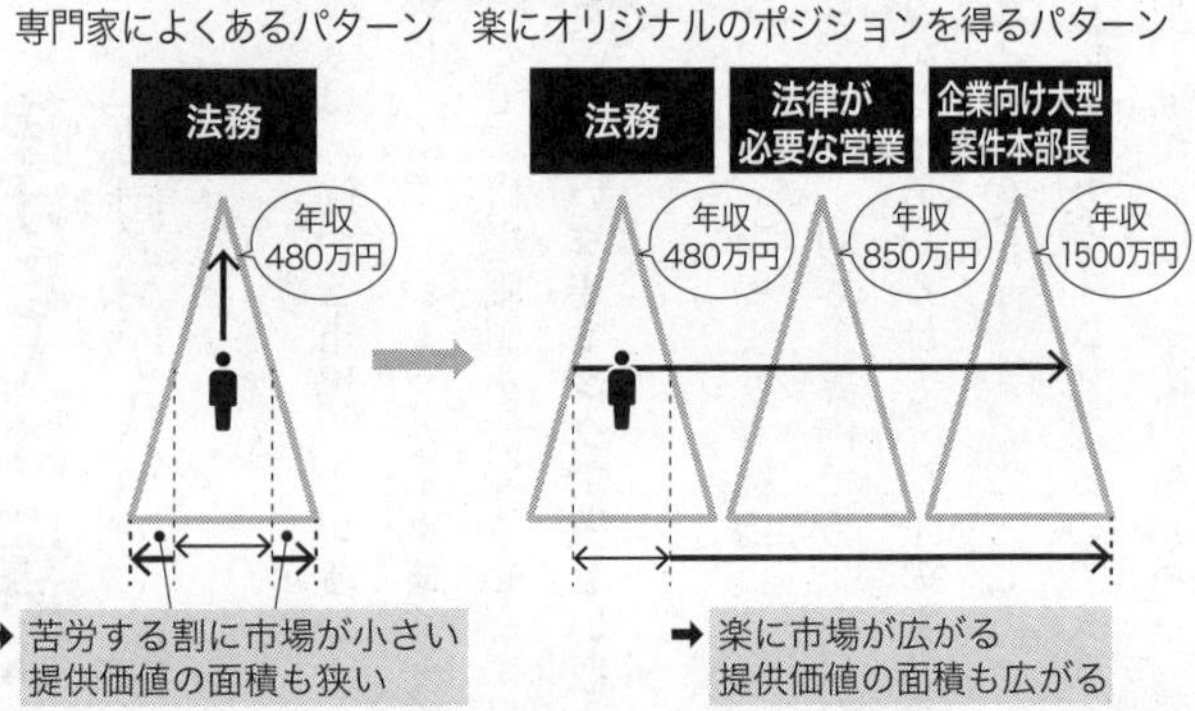

テクノロジー環境の急変で、業界や会社が吹っ飛んでいる可能性もあります。

稼げる人は市場を見ながら「横」にスライドします。対象となる市場を移し、新たな市場で活躍するのです。同じ市場をずっと相手にしてきた人は、同じような思考パターンに陥っているので、**よそ者の視点と知見をもとに新しい価値を提供すると、必ず喜ばれます。**ライバルもいないので一人勝ちになりやすいのです。

コツは2つあります。

①一人前以上の成果を出して横に移る

理由は簡単です。一人前未満で横に移動しても一からのスタートで、ただの下働き

になるからです。逆に考えればわかります。一人前以上の成果を出した経験がない人が、あなたの職場にやってきても役に立たないのは当たり前。一人前でない状態で職を2回変えると厳しくなります。下働きからスタートを繰り返し、年齢だけ高くなると、世間からは「ジョブホッパー」と認定され、キャリアの寿命は尽きます。

②みんなが苦手なことに、自分の持ち味をぶつける

業界や職種ごとに優秀な人のパターンは決まっています。そこでは同じ強みを持つ者同士の椅子取りゲームが行われています。

目を横にやりましょう。同じ強みの集団ゆえに、誰もが苦手な領域が必ずあります。その苦手な領域にあなたの持ち味をぶつけます。ライバルはいないので一人勝ちになります。

例をあげましょう。住宅販売会社で営業トップに上り詰めた法務出身のAさんがいます。この業界の営業は達成意欲が強い人材ばかりです。明るく前向きで、勢いやハッタリが特徴です。受注ができなくても気にせず、どんどん次へと進む飛び込み営業が大好きな、野性的なタイプが主流でした。反対に慎重、コツコツ、細かいタイプは皆無でした。

Aさんはそこに目をつけました。決まり通りに手順をきちんとこなす持ち味と法務で培

った知見をぶつけました。その結果、営業の法務絡みのトラブルでは必ず頼られ、一目置かれる存在になりました。さらに、法律知識がないと受注できない大型案件受注に必要な事例や知識を研究し、提案することで大型案件の受注に成功します。

周りにはライバルがいません。ぶっちぎりの成績を出し続けた結果、大型案件向け部門がAさんのために新設され、本部長に抜擢。年収も1500万円を超えました。

みんなが苦手な領域を見つけるのは簡単です。Aさんのように、イケイケどんどんの真逆↓コツコツ、細かく、慎重というように、主流派が得意なことの逆張りで行くのです。

キャリアの横スライドは、同じ会社で他の職種や子会社などへ異動するときにも使えます。稼げる人は「自分で人事異動」や「いつでも転職」によって逆張りを狙い、キャリアを横にスライドし、年収と自分の価値を高め続けます。

稼げる人になるには、世界的な天才である必要はありません。自分らしく生きる天才になりましょう。逆張りすれば簡単です。

⑭ 世の中にでてない「みんなが苦手な領域」を逆張りで見つけ、移る！

15 稼げる人は「社外」から学び、稼げない人は「社内」だけで学ぶ。

「70：20：10」の法則をご存じでしょうか？

米国のロミンガー社の調査によると、経営幹部に「リーダーシップを発揮するためにどのような出来事が役立ったか」と質問した結果、「70％が仕事を通した経験、20％が他者からのアドバイス、10％が本や研修」という割合になりました。

興味深いのは20％の「他者からのアドバイス」です。

インテリジェンスＨＩＴＯ総研が１６９８名の正社員を対象にした「キャリア形成に何が役立ったか」という調査では、「**社外の専門家との交流が役立った**」という答えが多か**ったのに対し、「社内人脈が役に立った」という答えはほとんどありませんでした。**

私も「次世代リーダー候補」約６５００名の思考や行動特性を分析してきましたが、ほとんどの方が「社外の専門家」とのネットワークを独自に強め、深めていました。

稼げる人は、お互いの仕事や人生にいい影響を与えてくれる関係を、社内社外という垣根を外して築いています。

ただ名刺交換をしたり、年賀状のやりとりをしたり、一緒に写っている写真をSNSにアップしたりするような関係ではありません。

見返りを求めずに、人の役に立つことをしているのです。

ギブ&テイクではなく、ギブし続けます。そのギブの総量が積み重なると、ある日それが思わぬ形で返ってきます。

社外の専門家とのネットワークを築く方法として、個別につながる以外には、勉強会やセミナーなどの集まる「場」をつくることが効果的です。

テーマを決め、興味関心と志がある人を集めるのです。数名程度からスタートしても構いません。

大事なことは参加者、運営メンバー、ゲストなどのスピーカーの信頼を得るために、「主宰者が飽きず、品質を落とさず、長く続ける」ことです。ですから、自分の動機に沿ったテーマや進め方で実施することをお勧めします。

勉強会やセミナーは、参加する人の質で決まります。

ただし、いきなり高いハードルを設定するよりも、知り合った友達や大学の同期など、身近なメンバーからスタートし、その輪を広げながら参加者の質を上げていく方が現実的です。

営業目的で参加するような人が一人でも紛れ込むと、会の信用は一瞬で崩れさってしまうので、紹介制を基本とするといいでしょう。

私の趣味はシングルモルトウイスキーを飲むことと広めることなのですが、「シングルモルトに興味があるけれど、もう一歩踏み込めない」という入門者を対象に、3か月に1回バーを借りて試飲会をやっています。そこでは仕事の話は禁止で、名刺交換もなしにしています。

ですが、これが縁で日経産業新聞に人事のテーマで取材を受けることになりました。また、この会で出会った人が大手企業の役員で、全く違う場で再会したときに、顧問の依頼をいただいたこともあります。全く予期しなかったことが起きることもあるのです。

仕事に直結しないテーマでも、集まる「場」をつくり、参加者に喜んでいただき、自分も楽しめる場を運営していくと、必ずご縁がつながってきます。

ネットワークをキャリアにつなげるには、特定の人たちだけで濃密な関係を築くよりも、幅広く緩い絆でつながるほうをおすすめします。

濃密な関係を築いておけば、自分がピンチのときに心理的な助けになってくれますが、人間関係が狭い分、仕事やキャリアにつながりにくいのです。

ネットワークを構成する人は、年齢、性別、職業もバラバラ。そして、自分はメンバー全員を知っているが、メンバー同士は必ずしも知り合いではない。でも、自分が中心となって周りをつないでいる。こんなハブのような存在になっているのが理想です。

⑮ 稼げる人は、多くの人とつながる交流の場を自らつくる！

16 稼げる人は「すべての人」の評価を気にし、稼げない人は「上司」の評価を気にする。

あなたの昇給、昇進、賞与を決めるのは上司が行う「人事評価」です。

そこで、稼げない人は、人事評価を少しでもよくすることを考えてしまいます。

「目標の達成度が高くなるように期初の目標をギリギリまで下げよう」、「自分の頑張りを上司にアピールして頑張っている印象を高めよう」などと、努力するのです。

しかし、これは長い目で見ると、得策とは言えません。

上司やあなたが人事異動になるかもしれませんし、そもそも上司が、その上の上司に評価されていないこともあるからです（上司が評価されていないと、部下の評価に影響を与えることが実は多いのです）。

稼げる人は、上司の評価だけを気にしません。

部下、同僚、他部署の関係先、顧客、自分に関わるすべての方々から評価されていると認識して行動しています。３６０度、どこからも評価されていると考えているのです。

会社では「使われる人」と「使う側の人」に分かれます。「使われる人」と「使う側の人」では、評価の対象と基準は大きく異なります。使われる立場の人は、ルールに沿って言われたことをきっちりやると評価されます。しかし、使う側になると評価基準はガラリと変わります。言われた通りに動くのではなく、目標を達成するために何をどうしたらいいかという作戦を自ら考え、顧客を喜ばせながら周りを導くことが求められるのです。

いろいろな立場の人から「あの人はよくやっている。あの人についていきたい。一緒に仕事したい」と評価されていない限り、出世はできません。

上司だけに評価されてもダメです。上司の顔色を見てこびへつらっても意味がありません。

周りから「選ばれる」ことが本当の評価になるのです。

上司の評判を得る行動をしていることは、周りから丸見えです。

上司にこびへつらう態度をとり、周りに横柄な態度をとる人は、本当に実力があったとしても、周りにはそう映りません。ただの「ごますりインチキ野郎」です。

当然、周りはついてきません。一番怖い「嫉妬」を受けることになるでしょう。いざとなったら協力してくれるのではなく、足を引っ張られることになるのです。

つい最近まで日本企業は、自分の脅威になる可能性がある部下よりも、実力は多少劣っても自分を裏切らないかわいい部下を評価し、昇進させることもありました。

その結果、無能な部下が出世し「働かないおじさん社員」のような人たちが、組織にたまるようになったのです。

出世意欲が高く、周りを蹴落としてでものし上がるタイプの人も出世させてきました。エネルギッシュなリーダーに見えたのでしょう。

しかし、このタイプの人は、出世して権限を持ったら暴君になります。パワハラ、セクハラはあたりまえ、好き嫌い人事で組織がガタガタになってしまいます。

企業はこのような過ちを、もう繰り返したくありません。

転職時は、前の会社での評判を知るために、前職の上司の推薦状や、同僚、部下数名に実際はどんな人だったのかをインタビューすることがあたりまえになりました。

360度評価を実際の人事評価の参考材料として取り込む企業も増えています。

他人を変えることはできませんが、自分を変えることはできます。上司だけでなく、職場の関係者全員と、うまくやっていくようにしましょう。

⑯ 稼げる人は、周りから選ばれる存在を目指す！

17 稼げる人は欲望を「大義に変え」、稼げない人は欲望に「溺れる」。

きれいごと抜きで言いますと、人には「欲望」があります。

- あの人に好かれたい
- 一番になって「すごい！」と言われたい
- お金持ちになりたい

下世話な話ですが、**欲望が人を動かす原動力になっています。**

ただし、欲望に溺れて信頼もお金も何もかも失う人もいます。一方、欲望を昇華させ、どんどん稼ぐ人になっていく人もいます。この違いは何かと言うと、欲望とのつき合い方です。

心理学者のマズローいわく、人には5段階の欲望＝欲求があります。低階層の欲求が満たされると次の欲求を欲するというものです。

●第1階層「生理的欲求」……生きるための根源・本能的な欲求（食事、睡眠、排泄など）

●第2階層「安全の欲求」……危機の回避、安全・安心な暮らしがしたい欲求（雨風をしのぐ家、食べていける経済力、健康など）

●第3階層「社会的欲求」……社会に必要とされたり、集団に所属したり、仲間がほしくなる欲求（この欲求が満たされないとき、人は孤独感や社会的不安を感じやすくなる）

ここまでの欲求は、モノなど、外的に満たされたいという思いから出てくる欲求です。そしてここからは、外的なモノではなく、内的な心を充たしたいという欲求に変わります。

●第4階層「承認の欲求」……価値ある存在と他者から認められ、尊敬されたいという欲求
●第5階層「自己実現の欲求」……自分の能力や可能性を引き出し、自分らしく活動したいという欲求

欲望の階層が次のレベルにアップしないということは、その欲望レベルが満たされていないということです。

欲望をいくつ叶《かな》えても低い階層で留まっているという状態は、欲望に飲まれ溺れていることになります。

ここで注目してもらいたいのは、「承認の欲求」(周りに認めてほしい)です。
いい生活をしたい、周りからうらやましがられたいなどの「見栄」が欲望の根源だと、今ある地位や名誉を「守る」ことに必死になります。「奪われない」ことがすべてになるので、人を疑心暗鬼の目で見たり、瞬間的な金儲け中心の発想に陥ってしまうのです。

また、**承認の欲求をクリアし、自己実現欲求に向かおうとするときに、我欲しか考えら**

れないとダークサイドに落ちます。

「エネルギッシュに活躍していたのに、部長になって権限を持ったら豹変した」というのはまさにそのパターンです。セクハラ、パワハラ、好き嫌い人事はあたりまえというように権限に溺れてしまう人を、あなたの周りでも見たことがあるでしょう。

いずれにしても、この段階で止まってしまうと、最終的に金も人も信頼もすべて去っていってしまいます。

富裕層と言われる一定以上の収入を得ている人は、「全部自分のものにはしない」という思想を持っています。

ダークサイドに落ちないようにするには、自分の時間やお金を社会のためになることに使ってみてはいかがでしょうか。近所の道路や公園の掃除など、身近なところから動いてみましょう。小さなことでも感謝される行為の積み重ねが、大義をつかむ土壌になるのです。

相手や周りに感謝されることが、稼げる人の生きがいなのです。

⑰ 稼げる人は、自分の時間や年収の1割をボランティアで使う!

Chapter 3

人とつながる「コミュニケーション」の習慣

18 稼げる人は上司に「期待をせず」、稼げない人は上司に「理想像」を求める。

「仕事もできるし、人望もあり、この人についていきたい」と思える上司の下で働きたい。この理想は、概《おお》ね裏切られてしまいます。

理想の上司に出会える確率は、2割もないと言われています。

リスクも責任もとらずに逃げる、上には弱いが下には強い、指示が思いつきで振り回される……職場で感じる不満は、上司と関わりあることが大半です。

南カリフォルニア大学のローレンス・J・ピーター教授によると、階層組織にいる人は役割を果たせる限り昇進し続け、役割をこなせなくなったら、その階層で留まるそうです。

例えば、係長まで優秀でも課長では通用しなかった人は、リストラがなければ「課長」のまま。

その結果、上司の8割以上は無能であると調査結果を報告しています。

よって上司に「理想像」を持つと、期待する分だけ大きく裏切られることになります。裏切られた分だけ、「うちの上司は使えない……」と愚痴りたくなります。

しかし、いくら愚痴を言っても上司は変わりません。組織にいる以上、上司を選ぶこともできません。

もっと言うと、上司も何か評価される点があったので昇進したわけですし、人間なので完璧ではなく、いい所もあれば悪い所もあり、誰もが発展途上なのです。

稼げる人は、上司を含め、仕事を進めていくときの関係者を、「一緒に旅をしている仲間」というスタンスで捉えています。

『西遊記』であれば、ゴールである天竺をみんなで目指していますが、旅の目的はそれぞれ違います。孫悟空、猪八戒、沙悟浄、それぞれ個性も違います。三蔵法師も、ときにはさらわれてしまうなど、完璧な存在ではありません。

『ワンピース』も、ルフィ、ゾロ、ウソップ、サンジ、それぞれのキャラは強みも弱みも違いますし、それぞれの人生のストーリーの中で旅に参加しています。

旅の仲間なので、一人ひとりが持ち味を活かし、困難を乗り越えるプロセスを楽しみながら前へ進んでいけばいいのです。ゆえに相手に過度な期待をしないので、余計なストレスは抱えません。

また、稼げる人は、上司の立場になりきり、自分が部下を持ったときのことを想像し、考えます。

上司が期待することは、概ね以下の5つになります。

①一人前のビジネスパーソンとしての立ち居振る舞い、言動をしてほしい
②仕事を主体的に進めてほしい
③「報連相」によって進捗《しんちょく》や状況を把握したい
④意識の向上や能力開発を自主的に行ってほしい
⑤上司である私に尊敬の念を抱き、私が言うことをきちんと聞いてほしい

部下の立場からすると「あまりにも求めすぎではないか」と思うでしょうが、「自分が

若い頃はその程度の仕事は一人で考えてできていたので、それくらいはやってほしいんだろうな」「仕事をどんどん前に進めてほしいけど、トラブルは困るので情報は把握したいんだろうな」などと、自分が上司になりきって考えます。

稼げる人は、上司、同僚、部下、一人ひとりの、

①持ち味、強み・弱みや個性
②相手の立場から見える職場の風景の期待

をおさえ、相手のキャラを把握して、旅の仲間として一緒に目標達成へ向かっていくのです。

⑱ 稼げる人は、上司を旅の仲間として接する！

19 稼げる人は上司を「勝たせ」、稼げない人は上司に「反発する」。

上司には、あなたを評価し、仕事をどう任せるかの権限があります。また、他部署との調整や、上司の上司などから承認をもらわなければならないときに、動いてもらう必要があります。

そこで、**あなたは、上司に一番の味方になってもらう必要があるのです。**

そのためには、「上司を勝たせること」です。

上司の成果に貢献すると、自分の評価に返ってくるだけでなく、自分の成長につながるレベルの高い仕事がどんどん舞い込むようになるのです。

上司を勝たせることで信頼を得ます。そしてかわいがられます。かわいがられると次の機会も任せてみようと思ってもらえます。

その連鎖がつながると、上司はより高い役割に任命され、あなたもより大きな役割が与えられます。

上司が無能な場合でも大丈夫です。上司が無能なら、絶対にあなたに仕事を任せてくれるからです。上司の上司や他部署への報告や根回しにも同席させてくれるようになるので、上司の目線で物事を考える視点が手に入るでしょう。

また、あなたの手柄を渡してしまってもかまいません。上司が勝てなければ、予算、昇進、やりがいのある仕事、すべて不利になるのですから。

上司を勝たせることと、上司の言うことを鵜呑みにすることは異なります。だからといって、上司の言うことを聞かないということではありません。それでは嫌われてしまいます。

上司と部下で争っていいのは、現場の仕事のやり方（HOW）だけです。

何の仕事をするか（WHAT）、なぜその仕事をやるのか（WHY）は、上司が決定権を持ちます。しかし、その仕事をどう進めるか（HOW）は、より現場に近い人の方がわかっているはずです。ここは建設的に上司と話し合えばいいでしょう。

それでもNOと言われたら、なぜかを聞いてみればいいのです。上司は上司なりに理由があるはずです。

もしかしたら、あなたが提案するやり方よりも、違うやり方が向いていると思っているのかもしれません。もしくは、あなたの提案は上司がOKを出すレベルに至っていなかったのかもしれません。

そのときは、遠慮なく上司の言うやり方を教わり、身につけてしまいましょう。

どんな形であれ、上司は過去に何かしら貢献を重ねてきたので、あなたより上の職位なのです。

「わからず屋」と思う前に、上司の立場に立って、どうやれば納得し承認できるかを考えてみましょう。「なぜダメなのか?」だけでは思考が止まってしまいます。「どうしたらできるのか?」も一緒に考えながら、提案のレベルアップを図ってみてください。

異なるやり方を柔軟に受け入れて消化できないと、次のレベルには上がっていけません。

稼げない人は、上司と対立するか、とり入ろうとします。

上司と密にコミュニケーションをとり、自分以外のメンバーの状況などを伝えると、上司には重宝がられます。部下が実際に何を考え、どんなことをしているかを上司は知りたいからです。しかし、結果が伴わない限りは、重宝がられるだけで見切られます。

あなたが本物になれば、いずれ上司を追い越す日が訪れます。

このとき最も怖いのが「嫉妬」です。部下に追い越されたことも誇りに思ってもらえるようにしないと、最大の敵になる可能性があります。ただし、上司を勝たせ、手柄を渡していれば大丈夫なはずです。

そして立場が変わっても、仕事を教えてくれた人であり、先輩として敬意を払うことです。そこまでやれば、「あいつは私が育てた」と逆に応援してくれるようになります。

上司は旅の仲間の一人です。期待しすぎず、馬鹿にせず、勝たせることでいい仕事をしていきましょう。

⑲ 稼げる人は、上司を勝たせると、結局最後は全部自分に返ってくることを知っている！

20 稼げる人は話を「聞き」、稼げない人は自分で「しゃべる」。

稼げる人は、聞き上手です。相手のことをトコトン知ろう・理解しよう、というスタンスで関わります。

一方、稼げない人は、相手の話を途中まで聞いて「こういうことが知りたいのでしょ」と語りはじめてしまいます。実際、その捉え方は正しい場合もあります。過去に経験したことだったりすると、1を聞いて10わかってしまうこともあるかもしれません。

しかし、**相手は「自分の話を聞いてくれた。わかってくれた」と感じる人でないと、心を開いてくれません。**

稼げる人の聞き方には、ポイントが4つあります。

①聞くことに集中する

人は、自分が話し終えたときに相手が何を言うかで、聞いてくれたか、そうでないかを判断します。

自分の話が終わった瞬間に、それまで話を黙って聞いていた相手が、全く違う趣旨の説明や質問をしてきたらどう感じますか？「この人は、自分の話を聞いているかのような態度だったけど、頭の中ではスルーして、自分が次に何を言おうかということばかり考えていたんだな」と感じるでしょう。

相手が話をしている間は、「次に何を言おうかな」という気持ちを手放しましょう。

特に「自分はせっかちで、前へ前へと話を進めたがる」という方は、要注意です。

②相手の非言語を感じとる

人は、言語だけでなく表情やしぐさといった非言語も用いて、微妙なニュアンスまでを伝えようと発信しています。

相手の真の感情は言語（言葉）よりも、非言語（表情や態度など）に多く表れます。

相手の話を聞くときには、相手の言葉だけではなく、目つき、しぐさ、表情すべてを通して、どんな感情・気持ちを伝えようとしているかを感じとろうと意識しましょう。

非言語で何を伝えようとしているかを汲《く》みとることで、言葉だけよりも数多くの情報をキャッチできるようになります。それにより、相手の本音がつかみやすくなり、共感を得やすくなります。

③間《ま》をとる

対話というのは、常にどちらかがしゃべっていなければならないわけではありません。話を深めるためには、「間」が大事になってくるのです。

「相手が深く考えているとき」は、しっかり間をとります。間がないと相手は考えることができません。相手が重要なことを伝えたときも同様です。こちらが間をとってあげないと、相手は「大事なことをちゃんと理解してもらえたのか?」と不安になってしまいます。

深く共感しよう、相手の立場で考えようという気持ちがあれば、自然と間は生まれてきます。

④本質をついた質問をする

会話の本質は、やりとりする言葉の中にあるとは限りません。表面的な言葉の裏には相手の本音だったり、本質が隠れていたりします。

例えば、入社3年目のメンバーが、依頼した仕事ができなかった理由として「私はこの仕事のやり方を教えてもらっていません」と言ったとしましょう。この言葉の裏には、

- あなたと合う／合わない、好き／嫌いという感情的な訴え？
- 開き直り？

など、さまざまな意図が見え隠れします。

そんなときは、身振り手振りや普段の言動から「これが本質ではないか？」ということを率直に聞いてみるといいでしょう。

「本質をついた質問」を繰り返すことで、相手が何を伝えたかったかを確認できるばかりでなく、相手からは理解してくれたという信頼を得られるのです。

20 稼げる人は、聞くことで信頼を高め、本質をつかむ！

21 稼げる人は「相手」の主観で考え、稼げない人は「自分」の主観で考える。

「正しい」には2つの条件があります。「客観的に正しい」と、「相手の主観（価値観・優先度）に沿って正しい」の2つです。

この2つがないと相手に正しく伝わらないのです。

人は自分の主観（価値観・優先度）に沿った話でないと、聞き入れてくれません。しかし、多くの場合、相手の主観ではなく、自分の主観で伝えようとして誤解が生まれるのです。

伝「え」ると、伝「わ」るは似て異なります。

例えばテレビを買おうと思ったときに、お客様は「安いのがほしい」と考えているのに、店員が「品質やデザインがいい」という観点で話をすれば、店員の話がどんなに客観的に正しくてもお客様には響きません。

お客様「テレビがほしいのですが……」
店　員「今お薦めのテレビはこれです。デザインがよく品質もいいです」
お客様「安いのはないかしら？」
店　員「安いものはすぐ壊れますから。こちらのテレビのほうが長持ちしますよ」

このように、かみ合わなくなってしまいます。

店員も悪気はないのですが、**ついつい「自分の主観」が「相手の主観」と同じだと思い込んで話をしてしまうのです。**

では、相手の主観を知るにはどうすればいいか？

それは相手に聞けばいいのです。

お客様「テレビがほしいのですが……」
店　員「どんなテレビがほしいのですか？」
お客様「安いのがほしいです」
店　員「これが一番安いテレビです。ところで、どれくらいの期間使う予定ですか？」

お客様「10年は使いたいですね」
店員「10年ですか。それならば、保証内容がよく、液晶も長持ちするこちらのほうがいいですよ。品質もよくデザインもいいので時代遅れになりません。安いほうを3年で買い替えるなら、こちらを10年使ったほうが年間3000円もお得です」

このように「何を求めているか」を相手に正しく質問して聞いてあげれば、双方合意ができる内容で伝わるのです。

それでもかみ合わない場合は、どうすればいいか？
話をかみ合わせるためには、以下の3つのことを相手と共有することが必要です。

①論点（話のテーマ。何について話すのか）
例）「○○についてですが……」
②結論（何を言いたいのか）
例）「私は、……だと考えています」

③根拠（なぜそのように主張したのか）

例）「なぜなら……だからです」

この3つが揃っていないと、相手は納得感が低いと感じてしまいます。自分が伝えたいことが念頭にあると、この3点をセットで伝えることがまどろっこしくなり、ついつい省略してしまいがちになりますので、意識して話しましょう。

また、この3点は、相手の話を聞くときにも効果的です。相手が3つのうちどれかを省略していたら、確認しながら話を聞くのです。すると、自分も相手も整理しながら話を進めることができます。

「論点、結論、根拠」の3点が、仕事の対話で自然に出てくる状態を目指しましょう。その状態になれば、あなたのコミュニケーション力は飛躍的に高まって、職場で一目置かれる存在になれます。

21 稼げる人は、相手が納得できる話し方をする！

22 稼げる人は「相手」に判断を促し、稼げない人は「自分」で判断する。

相談というのは、何かしら「判断・決断」を促してほしくてするか、何かしら突破口になるアイデアがほしくてするかのどちらかです。

突破口になるアイデアは29項の「稼げる人は正面衝突を『避け』、稼げない人は正面から『突破』しようとする」で触れますので、ここでは「判断・決断」の促し方を解説します。

最終的に「判断・決断」をするのは「相談をしたほう」ですから、「相談を受けたほう」はアドバイスをするに留めます。しかし、アドバイスをするための判断材料がなければ何も言えません。

例えば、引っ越しを考えているお客さんが不動産屋に来た場合、お客さんが引っ越しを決める条件を明確にしてくれないと、いつまで経っても決まりません。

通勤時間を減らしたいのか？ 家族が増えたから同じ家賃で広い部屋に引っ越したいのか？ 見晴らしがいい所に住みたいのか？ 理由はさまざま考えられます。**相手が何を望んでいるのか、判断材料を洗い出しましょう。**

しかし、そもそも**相手が相談してきた内容が「課題」ではなく、「現象」であることが大半です。**現象を課題ととり違えてしまうと、問題は解決しません。

例えば「課長の管理能力が落ちた」というのは現象であり、課題ではありません。課長の管理能力向上研修を実施しても、多くの場合、それだけで解決することはないでしょう。

現象が起きている原因（なぜその現象が起こったのか）と、現象が起きた結果（その現象によってどのような不都合があるのか）を探れば、本当の課題が見つかりやすくなります。例えば、

原因：課長1名に対して部下が15名に増えた
現象：管理能力が落ちた

結果：売上が落ちた

このような場合、売上が落ちたことと、部下の数が増えたことのどちらを問題視するかで課題は大きく変わってきます。

また、**悩みは相談してくる相手の心の中に答えがあるケースがほとんどです。**

そこで相談を受けた人は、「あなたの中に実は答えがある」と相手に気づかせる必要があります。

ミラクルな解決策を提示した場合、そのときは「なるほど！」と思うかもしれません。しかし、相談者のイメージを超えた話は、最終的に腹落ちして実行に移すことはできません。相手のイメージできるところを起点に気づかせてあげることが先決です。

例えば、留学するか否かの相談を求められた場合、相手が「子供の頃からの夢」と言うならば否定せず、まずは受けとめて「今のタイミングで本気で考えてみたら？」というような、後押しする質問をしてあげればいいでしょう。

「不安なのです……」と言うのなら、「そうですね。生半可な覚悟で決めないほうがいいのでは?」というように、受け止めから後押しする質問をします。

まとめると、

- 相手の主観を起点に質問してあげること
- ひとつの選択肢ではなく、YES/NOのどちらの選択肢も用意してあげること

が判断を促すコツになります。

仕事であれプライベートであれ、相談に対する回答で、誰にでも当てはまる100%の正解はありません。あるのは、特定の人のあるタイミングにおける最適解です。

ですから、判断を促すには、「今どんな状況にいて、どうしたいと考えているのか」を相手自身に認識してもらうことが必要なのです。

22 稼げる人は、相手の心の中を読みとりながら、相談に乗る!

23 稼げる人は「稼いでいる」とは「言わず」、稼げない人は「稼いでいる」と「言う」。

本当に「稼いでいる人」は、自分で「稼いでいる」とは決して言いません。

人は自分よりうまくいっている人に対し、憧れよりも「妬《ねた》み」を持つことを知っているからです。20代より30代、40代と年を重ねるごとに処遇格差は大きくなります。

- 同期が抜擢《ばってき》されて出世した
- 大学時代の同級生が独立してビジネスで大成功した
- 仲間がいきなりメディアで注目され、一躍時の人となった

こういう状況を見て「おめでとう」と祝福する気持ちは湧きますが、同時に「ずるい・悔しい・なんであいつだけで私は評価されないのだ」という感情も、程度の差はあれ湧いてくるのが人間です。

うらやましいとは全く思わない、という人はいないでしょう。

営業で数字を残した人を見たときも同じです。結果を出していることは頭では理解できるのですが、

- たまたま注文がとれただけ

- 首都圏担当だから、地方と違って大口が多いだけ

- 帰国子女でたまたま英語がしゃべれたから、海外との交渉窓口になれただけ

などという感情が出てきてしまいます。

ないものねだりの「嫉妬」こそ恐ろしいのです。どうにもできないので解決することはなく、憎悪が増すだけだからです。

稼げない人は、一時的にうまくいくと「自分はすごい！」と思い、上から目線になります。

そして、すごいと認めてほしいので相手を威嚇したり、自慢したりします。相手より上にいないと落ち着かないので、相手を攻撃して上だと見せつけようとするのです。そして

無駄に敵を増やすことになります。

本人に自覚がなくとも、周りがそう感じる空気を出してしまうのです。

妬みの空気は、実は妬まれている本人はなかなか気づきません。

なぜなら、周りは大人ばかりだからです。仕事で結果を出せば自分のことのように喜んでくれたりしますが、妬みは裏の顔にあるのです。

その結果、動かせない出張がある日に飲み会を設定されたり、重要な連絡が他の人より遅く伝わったり、といった微妙な嫌がらせを受けることになります。知らず知らずのうちに足を引っ張られ、いざというときに協力してくれないなど、真綿でクビを絞めるような仕打ちが起きたりするのです。

「月に1000万円稼ぐ」とか「自分は年収1億円ある」と自分で言おうものなら、利用してやろうという輩《やから》しか集まらなくなって孤立していきます。

新橋のガード下の居酒屋で悪口を言われ、酒のつまみになるくらいならいいでしょう。しかし、今では5chやSNSのツイッター、LINEといった場もあります。ややもすると根も葉もない噂が、まるで事実のように広まることもあるのです。

稼げる人は、周りに対して腰が低いのです。

十分実績もあるし、相手もその実力を認めている。ゆえに、普通に接しても相手からしてみれば「威嚇《いかく》」されていると捉える人も出てきます。ですから、腰を低くし、周りに気を配るのです。

さらに、**仕事が自分ひとりだけではできないことを知っています。周りの協力があってはじめて自分も結果が出ていると感じています。**

また、何か議論になったときでも、自分の意見よりも、物事を前に進めることを重視するので、相手が間違っていても「そういう考え方もできますね」と、大人の対応をしながら軌道修正します。

自分を上げて、相手を下に落とすやり方では、味方は増えません、敵が増えるだけです。自分ではなく相手を持ち上げ、相手から自分も持ち上げてもらい、関係者全体を持ち上げられるのが稼げる人です。無駄に敵をつくるのはやめましょう。

㉓ 稼げる人は、自慢をしない！

24 稼げる人は「関係者全員」を物語の主役にし、稼げない人は「自分」が主役の物語に巻き込む。

「一人では仕事は動かない。だから、周りを巻き込んで動かそう」と巻き込むことの重要性が言われていますが、稼げる人はさらにその上をいきます。

稼げる人は、関係者全員、それぞれが主役になれるストーリーを考えます。そして、数いる主役が望まない脇役を進んで担うのです。

つまり、**メンバーそれぞれが主役になり、「勝った、達成した」と思ってもらえるようにしてチーム力を高める**のです。

任天堂に伺ったとき、「ポケモンは私がつくった」という方が大勢いらっしゃいました。人の手柄を横どりするのではなく、みんなが自分の役割を精いっぱいまっとうしたから、「私がつくった」と誇りを持って言えるのです。

この言葉が出る状態は、「チーム力が最大限に発揮された」ときです。稼げる人は、さりげなくこの状態をつくり出しているのです。

誰もが「勝った、達成した」と言えるシナリオを描くには、段階があります。

まずは、あなたが目的・ゴールに向けて成功しそうなシナリオのたたき台を考えます。

そもそも勝てそうもない筋の悪いシナリオには、誰も乗ってきません。

そして、勝てると思えるシナリオができたら、それぞれが主役になれる「ストーリー」へ変換していくのです。

そのためには、**巻き込みたい人に対し、「○○ができたらいいよね」と相談します。**用意したシナリオはあくまでもたたき台ですが、相手が「これなら勝てそうなシナリオだ」と思ってくれることが重要です。

興味を示してくれたら、相手の興味関心と強みに沿って、どんな役割を担い、どんなストーリーを展開するのか、さらに誰に入っていただく必要があるかなどを、ざっくばらんに話し合うのです。

相手の思考や性格に合わせて、主役としてのイメージが湧くように話すことが重要です。

説得してはいけません。口説くようにアプローチするのです。

どんなに熱く語っても、話が長いと相手は説得されたと感じます。話が長くなればなるほど、相手は説得されまいという心理になります。

相手を口説くのに4時間、5時間かけていては、まず成功しません。仮に「OK」が出ても、相手が粘り負けただけです。

口説きが成功するのは、相手が、「この人とこのテーマに乗ると、どんな社会的意味とやりがいを見いだせるか」をイメージして納得できたときです。

相手のイメージを引き出すには、「こうなったらいいよね?」と相手の関心に刺さるような端的な質問をするのが効果的です。人が話す時は、1つのことしか考えられません。答えるうちに、そのイメージの解像度が上がり、知らず知らずのうちに自分事として、一緒にゴールを目指すことを考えてくれます。

すると、次々と発想が膨らみ、勝ちにいくだけだった無味乾燥のシナリオに、それぞれのキャラクターの想いが乗っかり、楽しい旅のストーリーに生まれ変わっていくのです。

この相談を関係者に繰り返していきましょう。

ただし、同じキャラばかりにならないように人選はしておいてください。

映画やドラマは主役を中心に話が展開しますが、現実の世界では関係者それぞれが主役になります。

映画『X-MEN』は本編以外に『ウルヴァリン』『ローガン』『デッドプール』のようにスピンオフ作品が5つあります。現実の世界では、関係者の数だけスピンオフ作品が生まれるのです。

メンバーそれぞれが主役になれるように意見や提案をとり入れ、いい意味でストーリーを膨らませていきましょう。

24 稼げる人は、メンバーが主役のストーリーの脇役を積極的に演じられる!

25 稼げる人は「輪を広げ」て情報を集め、稼げない人は「自分だけ」で調べようとする。

稼げる人は自ら情報をとりにいくだけでなく、価値ある情報が自然に入ってくるメカニズムをつくりあげています。自ら関心のあるテーマで人をつなぎ、ネットワークを強めているのです。

難しく考える必要はありません。

あなたが「中継基地」となり、ほしい情報をほしい人に届けてあげるようにすればいいのです。

社内や組織では、同じ目標を共有していても、部門間や担当者間で利害が食い違うので壁ができてしまうことがあります。

例えば、「在庫」ひとつをとってみても、在庫管理をしている人は在庫を減らすことを真っ先に考えます。しかし、営業は売上を上げることを一番に考えるので、在庫はあったほうがいいと考えます。在庫がないことで生まれる、販売の機会ロスをなくしたいからです。

稼げる人は、そのような組織の壁を越え、いろんな部門の人と話をします。

社員食堂、喫煙コーナーといった食事や休憩をする場所で、偶然隣り合わせになった人に積極的に声をかけるのです。会社の趣味のサークルに入ったりもします。

他部門の人たちが、どんなことを目指していて、どんなことに苦労しているのか、興味関心事を聞き出します。そして、違う場所でその関心事に影響しそうな情報を聞いたら、忘れずに伝えてあげるのです。

ほしい人にほしい情報をあなたが中継して届けてあげれば、情報をもらった人は喜んでくれます。

このようなことができるようになると、いろんな人が寄ってきて、いろいろなことを話してくれたり、相談してくれたりするようになり、この輪が広がっていくのです。

加えて、人は人によくしてもらうとお返しをしたくなる心理が働くので、あなたのほしい情報が自然に集まったり、あなたが会いたいと思っている人を紹介してもらえるようになるのです。

この行為を繰り返すと、あなたが今まで見えていなかった「部署を超えた仕事の全体像とその流れや課題」をつかめるようになります。

自分の仕事の前工程や後工程で、どんなとり組みがあるのかが見えてくるので、発生しそうな問題を想定してあらかじめ対策を練ったり、効率的に仕事を回せたりするようになるのです。

情報の「中継基地」として輪を広げるステップは、足元から固めていきましょう。

最初は、あなたの半径3メートル以内。さらに隣の部署、自分の仕事の前後の工程でやりとりしている他部署や、社外の取引先の担当者からはじめます。

そして、あなたが「どんな仕事をしていて、どんなことに興味関心があり、どんな情報を持っているか」を知っていただくことからスタートします。そして彼らの関心事を知り、情報があなたを中心に行き来する最初の輪をつくるのです。

それができたら徐々にその輪を、他部署の課長、部長と「ななめ上」に広げていくといいでしょう。

自社の情報網をおさえたら、次は社外。

社外秘の情報を出すわけにはいきませんが、同業内の会合で同じように輪を広げていけば、より視野が広くなり、鮮度がいい情報やその情報を持つ人が自然と集まるようになります。

業界や専門分野の中で「情報通」として知れ渡れば、その輪は他業界、他分野までつながり、あなたの財産になるでしょう。

25 稼げる人は、情報の中継基地になる!

26 稼げる人は社内政治が「得意」で、稼げない人は社内政治を「嫌う」。

社内政治と言うと、悪いイメージがつきまといます。

しかし人が集まると、好き・嫌いをはじめ、さまざまな思惑が生じ、必ず社内政治が必要になります。いわば必要悪のようなものです。ですから、**健全な範囲の中で、社内政治とつき合っていく必要があります。**

これは日系企業だけではなく、外資系企業でも一緒です。派閥争いに巻き込まれると消耗するので、目的は「根回し」だけに絞りましょう。

仕事をサッカーでたとえるなら、ボールは仕事、選手は自分と関係者です。

毎回自分一人でドリブルをしてゴールを目指しても、簡単に潰されてしまいます。このような自分勝手な行動ばかりしていたら、周りの選手は協力してくれなくなるでしょう。

点数をとるために、何人もの選手が走っていくつかのパスコースをつくり、そこにどんなパスを出し、誰がパスを受けてシュートを打つかなどを、事前に確認し合わなければなりません。それが、仕事で言う根回しです。

上司の確認・承認なしでできる仕事は限られているでしょうし、大きい仕事をやろうと思えば、上司を含め関係者に予算ややり方を伝えておく必要が出てきます。ぶっつけ本番で通じるのは、相手が弱い場合だけ。**実際の仕事で根回しなしでできる仕事は、些細《ささい》な作業だけです。**

仕事で大事なのは、物事を前に進めていくことなのです。

人は感情の動物です。でも、仕事をしているときは、大人なので感情をむき出しにはしません。

「自分抜きで検討が進んでいた。面白くない」が本音の感情だとしても、「こういう観点の検討が抜けているのでは」「他にも進め方があるので総合的に勘案して検討しないと」「相見積はとったのか?」など、もっともらしく反論され、却下されてしまいます。

却下されて提案がやり直しになる時間と工程数を考えれば、根回しする時間と工程数はたいしたものではありません。

ところで、人は事前に相談しにきた上で、自分の意見がとり込まれていると賛成側に回り、そうでなければ反対側に回ります。ですから、全員の意見をとり込もうとすると最大公約数の提案にしかならなくなります。そうなると、あなたが本来提案したい内容とかけ離れてしまうこともあるでしょう。

営業と製造で意見が180度違うなど、組織や立場が異なれば真逆の意見が出てくることも少なくありません。

そこで、関係者全員をおさえ込めない場合は、最低限おさえておく人、敵に回すとやっかいな人だけに対象を絞るのが得策です。

そして、**最も大事なことは、上司を敵に回さないことです。**

上司が上役からの覚えが悪く評価が高くないからといって、無視して上役に直接根回しをしてはいけません。上司は自分に自信がなければないほど、無視されると怒ります。

上司を動かし、あなたも同席して上役に根回ししましょう。上役も、直属の上司を飛ばしてこられるのは嫌がります。

「上司を無視するということは、自分も無視してさらに上の人間に根回しされそうだ。これは、やっかいだ」と思われ、百害あって一利なしです。

また、上司を立てながらあなたがまっとうな対応をとれば、上役のあなたに対する印象もよくなります。

また、**根回しは重要ですが、派閥に入ることはお勧めしません。**

あくまでも「中立」の立場を通しておきます。立ち位置を決めて、すべての人に公平に振る舞ってください。

偏りがあると、「○○派閥」などと周りに思われてしまいます。事実はどうであれ周りがそう認識したら、それが事実であるかのように組織中に広まるので注意してください。

26 稼げる人は、根回しが前提！

27 稼げる人は「アルムナイ」、稼げない人は「勉強会や飲み会」で人脈を広げる。

チャンスは自分でつかみにいくよりも、実は他人が持ってきてくれることのほうが多いものです。アイドルや俳優も自ら応募して成功をつかむ人はごく少数。チャンスを継続してつかみ続けるとなると、事務所の力をはじめ、他人のバックアップが必要です。

ビジネスの世界も一緒です。自分一人で頑張って社内で成果を出したとしても、その仕事の環境や役割は会社や上司が与えてくれたものでしょう。**仕事の依頼、人の紹介、転職なども、すべては他人との関わりから始まります。**

社外に絞って書きますが、ここ5年で人脈を広げる手段が大きく変わりました。

平成の2010年くらいまでは、有力な識者とつながることがカギでした。雲の上の存在だった著名人と、講演会やセミナー、その後の飲み会などで面識を持ち、教えてもらうことができました。ブログ、メルマガ、SNSなどの普及もあり、ゆるくつながれるようになりました。学び、つながることがもてはやされた時代でしたが、長続きはしませんでした。

理由は2つあります。1つはその識者のノウハウが次第に古くなり、時代に合わなくなってきたこと。例えば、自己啓発の分野で過去にベストセラーを出した著者で、現在も売れ続けている人は極めて限られます。

もう1つは学びや人脈を得る場の変化です。「勉強会や飲み会」から「アルムナイ」へと変わってきたこと。

「アルムナイ」を初めて聞く人もいるでしょう。アルムナイとはalumnusの複数形で、本来は「卒業生、同窓生、校友」という意味です。企業の場合、退職者の集まりを指します。定年退職者だけではなく、転職や家庭の事情などさまざまな理由による中途退職者を含むOB、OGの集まりです。大手外資系企業中心に存在していましたが、近年は日本企業もこぞって取り入れています。

アルムナイは、企業が主催して退職者に呼びかけ、現役社員と一緒に集う場を設けます。同期会のように有志の離職者だけで行う会とは異なります。アルムナイのメリットは、**同じ組織の中で働いた経験があるので、信用が担保されていること。**アルムナイは、どんな価値観でどんなスキルを身につけているかが、不思議と肌感覚でわかり合える「信用社会」です。「故郷、大学、部活」が同じだと、信頼感が湧くのと一緒です。

会社を退職する＝卒業する人は年々増えていく一方です。まったく異なる会社や業界で活躍する方も多くいます。ネットワークはどんどん広がっていきます。アルムナイネットワーク内で、人材、取引先の紹介、コラボといったビジネスから、趣味、子育て、介護の相談といったプライベートまで、関係する範囲は広大です。

私が在籍した外資系コンサルティング会社には、どこにもアルムナイがありました。とりわけアクセンチュアはアルムナイネットワークが強く、ｅｘ－ａｃというメーリングリストとフェイスブックの非公開のグループがあります。登録には審査があり、ｅｘ－ａｃ内の紹介者がいないと承認されません。

登録者はそれぞれ約２０００名。ｅｘ－ａｃに投げかけると必ず期待以上の返事が来ると言われています。毎日数通は必ず新規の投稿が流れます。お互いを尊重し、無償でコラボします。お互いの活動がいい意味で刺激になっています。

会社にアルムナイがない場合は、出身大学の同窓会、県人会などに所属し、アルムナイに匹敵するグループを組成するといいでしょう。県人会といっても退職者ばかりではなく、現役で活躍し、国内外で認められている人が何人かいるものです。県人会なら気軽にフラットにつながることができます。

社会人大学院や私塾もアルムナイの候補にあがります。キーとなるのは、活躍しているOBの質や数です。この大学院は通いやすく卒業しやすいけど、卒業生で活躍している人が少なく自己啓発レベルだなとか、大企業から40代で独立して年商10億円までのスタートアップ起業家が多い、など見極めがつきます。

活躍している卒業生の輩出タイミングも重要です。10年前はすごい卒業生が多かったが、ここ5年は全然パッとしないな、など継続して結果が出ていなければアルムナイの力も弱くなっています。

最近ではオンラインサロンというのも登場しました。現在進行形で、これからどうなっていくのかわかりませんが、もし入るのであれば、**1つだけでなく、複数入ることで、偏りを防ぎ、客観視しながら学習し、つながることをお勧めします。**

27 「信用社会」のメンバーになろう！

Chapter 4

突破口を開く「思考」の習慣

28 稼げる人は「ソラ、アメ、カサ」、稼げない人は「ホウレンソウ」。

会社では「ホウレンソウ（報告・連絡・相談）」をするように求められていませんか？

ホウレンソウは、まだ仕事のやり方や勘所がわからず、上司から指示・アドバイスをもらうときに役に立ちます。上司もすべての現場に同席するわけではないので、現場の状況を知らせてくれることはありがたいはずです。

しかし、ホウレンソウには限界があります。

稼げる人は、ホウレンソウではなく「ソラ、アメ、カサ」で上司と接するのです。

これは、マッキンゼーの日本オフィスが考案した思考のフレームワークで、**「ソラ」は今の状況・事実、「アメ」はその状況下では何が起きるか・何が問題になるか、「カサ」は問題に対処する打ち手や行動を指します。**

①ソラ……観察力。事実を数多く見つける力
②アメ……洞察力。目には見えないもの（原因、事実の影響、将来の予測、課題、共通法則）を見出す力
③カサ……発想・行動力。打ち手や行動を生み出す力

「空を見ると曇っていて（事実）、雨が降りそうだから（洞察）、傘を持って出かける（打ち手・行動）、そうすればもし雨が降ってきても傘をさして濡れずに済む」といった具合に、この「ソラ、アメ、カサ」が3点セットで揃っていると、事実をもとに論理的に判断・納得して行動につなげることができるのです。

「ソラ、アメ、カサ」をするときに、最も注意しなければいけないのは、**「どうなりそうかという洞察（アメ）がズレると、判断もズレる」**ことを認識しておくことです。

「ソラが曇ってきたので、傘を持っていこう」と言われても、「まだ雨降らないな」という感覚になると傘は持っていきません。

つまり、現状を突破するには②の「アメ……洞察力」がキーになります。

ある事実から、「原因（なぜ？）」「将来予測や影響（どうなる？）」「共通法則やパターン（何が言える？）」といったことを、とことん考え抜き、意味合いを発見するのが洞察力です。

洞察が深ければ、適切なカサ（打ち手・行動）が見つかります。

上司の指示が「いつも思いつきでブレる」ということは、上司とあなたの「アメ」の認識が一致していないということが原因です。アメ（洞察）が深ければ、表面的な事実に翻《ほん》弄《ろう》されることもなくなりますし、場当たり的な対応や一歩遅れた対応による失敗をすることもなくなります。

ですから、稼げる人は、「ソラ、アメ、カサ」をセットで物事を考えるだけではなく、上司や相手に「ソラ、アメ、カサ」で報告し、意思決定の判断基準を共有して議論するのです。

マラソンの折り返し地点で「まだ半分もある」と見るか「もう半分きた」と見るかは洞察力の差であり、洞察力の差が意思決定の判断基準のズレにつながるのです。

上司を含め、相手に判断を促すときは「ソラ、アメ、カサ」で話し、解釈のズレや判断基準のズレを確認し修正し合うことで、正解に近い回答が得られるようになるのです。

大事なことは、とにかく考え抜くことです。そうすると、最初その事実を見たときには考えもしなかったことが見つかることがあります。気づくまで、「なぜ?」、「どうなる?」、「何が言える?」というシンプルなアプローチを繰り返しましょう。

アマチュアの野球選手がプロ野球に入るとたいてい、「プロの体づくり」にとり組みます。アマチュアとプロでは求められる筋力や体力が異なるからです。

これはビジネスの世界でも同じです。できるだけ若いうちから、しかも継続的に、稼げる人の基礎体力として、頭の強さ、考え抜く力を鍛える必要があります。

「ソラ、アメ、カサ」は、問題発見/解決とコミュニケーションの屋台骨となる必須の基礎スキルです。シンプルで使いやすいので、思考回路に染みつくように、何度も使ってみてください。

28 稼げる人は、洞察力を磨き、1つ上の視点を手に入れている!

29 稼げる人は正面衝突を「避け」、稼げない人は正面から「突破」しようとする。

仕事はすべてが予定通りに進むことはありません。

ですから、ハンググライダーのように、事前に目的地までどう飛べばいいかをある程度決めておき、実際に飛び立ったら、風の向きや強さに合わせて柔軟に操って進むことが求められます。

しかし、柔軟に状況対応をするだけでは立ちゆかない壁が出てくることもあります。

稼げない人は、そのような状況になると、諦めて思考を停止して上司や先輩の指示に従うだけになるか、最後まで自分で抱えて考え込んでしまい自滅の道をたどるかになります。

一方、**稼げる人は、思わぬところに目をつけ、先読みして手を打ったり、現状を打破する方法を思いついたりします。**周りから見るとミラクルに感じますが、本人にとっては普通のことで、意外とその方法はシンプルです。

彼らは、**「逆から見る」「広げてみる」「高度にまねる」という3つの視点で考える**のです。成熟しているように見える病院や製薬分野で、この視点を使い、新規のビジネスチャンスを生み出した好例を見てみましょう。

● 逆から見る：ドクターではなく患者から薬を指名してもらえないか（エーザイ）

通常、薬は医者が患者を診て適正に処方します。患者には薬の指名権はないのが常識ですから、製薬メーカーのお客様は処方する権限がある医者でした。

しかしエーザイは、逆の視点で患者志向をとり入れることにしたのです。患者のニーズを調べた結果、薬の差別化には効果・効能だけでなく、飲みやすさもあるというデータを手に入れ、商品開発に反映させ成功しました。

このように、業界の常識を逆から考えると、思わぬ突破口が開けるのです。

● 広げてみる：患者の家族のケアまでを考える（青梅慶友病院）

高齢者専門病院として日本で最も有名な病院の1つである青梅慶友病院は、顧客を「患者様」から「患者様とその家族」に再定義することで、高い顧客満足度を維持し続けています。

24時間、お見舞いに行きたいときに行けるなど、家族の視点に立ったケアも視野に入れたサービスが口コミとなって広がり、有効なプロモーションとなっています。

病院は広告・宣伝に法規制があるため、口コミが一番のプロモーションになるのです。

●高度にまねる：回転ずしから着想した高回転率（A病院）

ある地方の中堅A病院は、赤字続きでした。収益につながる患者自体が少ない上に、長く入院する患者が多く、ベッドの回転率も上がりません。

そんなとき、収益改善のヒントをくれたのが「回転ずし」でした。その県で一番の回転ずしは、マグロなど人気のネタに絞り込んで営業していたのです。

ネタを絞ることで儲かる。そこに目をつけ、病院の一部をベッドの回転率が高く収益が出やすい、人間ドックに特化した診療所に変更しました。人間ドックは高単価で対象は広く、回転率もリピート率も高いからです。そして、周辺の大企業の工場などに営業をかけると、大量に人間ドックの依頼が来て、収益が黒字になったのです。

このように**業界の常識を違う角度から見て考えたり、対象を広げてみたりすると、新たな営業先や提案のネタは尽きません。**特に効果的なのは、異業種がやって成功しているものを「高度にまねる」やり方です。

グリコは、富山の置き薬のように、使った分だけを精算するやり方をとり入れて、「オフィスグリコ」をつくりました。

本業とかけ離れたところからアイデアをうまく借りることができれば、新たな発想や打ち手が見つかるものです。

㉙ 稼げる人は、業界の常識をひっくり返してヒントを探る！

30 稼げる人は「解決」を目指し、稼げない人は無駄に「悩む」。

稼げる人は、無駄に悩んだり、不安に陥ったりすることがありません。そんなことをしても何も解決しないからです。

稼げない人は、自分のコントロール範囲外であっても、自分で問題解決できないくらい大きな課題であっても、そのまま考え、悩み・不安に陥ります。

稼げる人は、自分の意志でコントロールできないことは気にしません。自分の意志でコントロールできる範囲で考え、備えるのです。

例えば「明日大地震が来たらどうしよう」と悩んでも、神様ではないのでコントロールできません。

なので、問いを変えます。

「明日大地震が来ても大丈夫なようにどう備えるか？」

これであれば、自宅や職場の近くの避難場所を調べる、非常用の食料や水、ラジオなどの必需品を非常用持ち出し袋に入れる、大地震が起きたときに家族と連絡をとり合う方法を考えるなど、具体的な打ち手がどんどん浮かんできます。

自分の不安が消えるまで徹底的に要素を洗い出して備えておけば、もう悩まなくてすむようになります。

「困難は分割せよ」とは、デカルトが言った言葉です。

悩んでもしょうがない大きな悩み・不安や課題は、自分で解決できる課題の大きさまで因数分解をして解決するのです。

あるコンビニA店を例にとってみましょう。

A店は売上の減少が止まらず、その打開策を考えています。

稼げない人は、「おそらくこれを改善すれば大丈夫だろう！」と自分の過去の成功や失敗をした経験から原因と対策を考えます。

人は過去の経験から考えるクセがあるので、さまざまな指標を見ても、自分の見たいように見て勝手な解釈をします。そして「ＰＯＰを使おう」など、過去に成功した自分のやり方を行うのです。

これではＰＤＣＡ（Plan-Do-Check-Action）サイクルが回りません。「思いつき」と「ＤＯ（実行）」でしかないのです。うまくいくかいかないか、再現性があるかないかは、運任せになります。

稼げる人は、何が原因になりそうか、各要因の因果関係を探っていきます。「店の売上が落ちている」のであれば、「来店者数が減った」「客単価が減った」など、その原因として想定されることをどんどん挙げていくのです。そのときは、抜け漏れダブりが出ないようにします。そしてひとつずつ検証していきます。

「当店への来客数が減った」のでなければ、「客単価が減った」可能性が高いはずです。調べた結果「購入アイテムが減っていた」ことがわかれば、ここをもっと深掘りしていけば原因と対策が見えてきます。

売れなくなったのは、「近くにできたディスカウントショップに同じような商品があり、そちらのほうが安かった」ことがわかったとします。

このような場合、コンビニは定価売りなので、価格で勝負できません。ならば、「品揃えを変えて売上を伸ばしている、似た状況の同チェーンの事例を調べることによって活路が見出せるのではないか」と、仮説を立てることができます。

原因が特定できない場合は、因数分解の切り口を変えて何回かやってみれば、想定原因が見つかります。

孫正義さんは「経営者はありとあらゆることを想定し、徹底して考え抜く」と、おっしゃっています。

凡人の域を超えて、事前にあらゆる手を考えているので意思決定が速く、業界の常識をひっくり返すような方法を矢継ぎ早に出せるのでしょう。

基本は同じ因数分解なので、ぜひあなたもこのやり方を身につけてください。

30 稼げる人は、課題を自分で解決できる大きさまで分解する！

31 稼げる人は「修正」し、稼げない人は「内省」する。

「PDCA」のカギは「C（チェック）」であることは、みなさんもご存じかと思います。うまくいったこと、うまくいかなかったことをしっかりと振り返り、A（Action：改善）し、明日に備えます。でも、いざ実践となると同じ間違いを繰り返すことが多いと思います。「内省」をしたはずなのに、なぜ同じ失敗を繰り返してしまうのでしょうか。

内省には流儀があります。ダウンタウンの松本人志さんの「天才の成功話はほどほどに聞いといたほうがいいよ。天才は振り返り方も天才だから」というツイッターの投稿はその点を突いています。

稼げない人は、内省する時に「反省」をします。「ああ、また同じミスをやってしまった。あれだけ注意したのに。なんて自分はダメな奴なんだろう」と、ただ深く落ち込んでいきます。そして酒を飲んで寝る。そして翌日、また同じ失敗を繰り返し、反省して……

というように。これはPDCAではなく、反省の悪循環になってしまいます。

稼げる人は結果につながらないことに興味がありません。コツは簡単です。**振り返るための論点を先に洗い出し、その論点に従って内省を進めれば共通解が見えてきます。**

論点の洗い出しは、5W1Hを基本とすると抜け漏れを防ぐことができます。

①どの局面の時に時間がとられやすいか？（When：いつ）
②どんなところでプランとのズレが発生するか？（Where：どこで）
③誰がトラブルを発生しやすいか？（Who：誰が）
④何をしている時に想定外のことが起こるか？（What：何を）
⑤どの方法が一番効果的だったのか？（How：どうする）

この①から⑤の論点に沿って内省すると、共通のパターンが見えてきます。この共通パターンが問題箇所です。問題箇所が特定できたところで、Why（なぜか）を問うと、本質的な課題と打ち手が見えてきます。

失敗した理由や言い訳に対応する時間と工程数は無駄です。**稼げる人は一番の問題箇所**

をササっと特定し、スジのよい打ち手を考え、現在の打ち手を「修正」するのです。

サッカーの試合の時、前半終了後のハーフタイム中、論点もなく反省すると、例えば「なぜ、俺はあそこでシュートをせずパスを選択したんだろう」など、自分を責め、落ち込むだけになってしまいます。闘争心やモチベーションも下がり、チームワークはズタズタになり、戦略や戦術の修正もままなりません。

プロスポーツの世界では、内省する時は、論点に沿って行います。ゆえに、モチベーションを維持し、15分しかなくても後半に向けて打ち手を「修正」できるのです。

ビジネスの世界も同じです。稼げる人の立ち直りが早い理由もここにあります。ミスをしても修正をすることで、無駄に落ち込む時間とモチベーションの低下を最小限に抑えることができるからです。

内省の進め方にはコツがあります。**論点を頭の中に描くのではなく、事前に紙に書き出しておくことです。**頭の中で内省すると、どうしても同じところをグルグル回ったり、抜け漏れが出ます。紙に書き出すと、頭の中がスッキリし、モヤモヤもなくなり、冷静に客観視することができ、考えやすくなることは、脳科学で証明されています。

もう1つのメリットは、問題箇所と改善策の共有が早く楽にできることです。人はそれぞれ考える優先順位や判断基準が異なります。サッカーであれば、失点して負けた時に、フォワードとキーパーでは捉え方が違うのと一緒です。一人で完結できる作業であればいいのですが、ビジネスの大半は相手がいます。立場により異なる判断基準を口頭で擦り合わせるには、時間と労力とストレスがかかります。

書き出せば一発です。書き出した論点の順番に沿って全員が同じ目線で考えることにならざるを得ないので、無駄な議論をなくし、ブレなく共有できます。稼げる人がホワイトボードやA3の方眼ノートに書き出しながら議論するのはこのためです。

内省するより行動派の上司、先輩、同僚を簡単に抑え込み、こちらの意図通りに動いてもらえるように仕向けられるのでお勧めします。

論点の数は最小限、3つから5つ、多くても7つまでにしましょう。論点が10も20もあったら、共通パターンを見いだすのも大変です。議論も非効率になります。論点の数が多いと、それを見ただけでげんなりしてしまいます。

31 論点をもとに振り返る。問題箇所と改善策だけにフォーカスする！

32 稼げる人は視点を「ずらし」、稼げない人は「一般論」で物事を見る。

稼げる人の発言や企画は、ありそうでなかった独自の切り口を持っています。そして、行き詰まった状況から抜け出したり、コンペで勝ち続けたりします。

しかし、彼らには、何か特殊な才能があるわけではありません。たったひとつの工夫をしているだけです。

それは役者になることです。

視点をちょっとずらし、その場にいる人の立場になりきって考えているのです。

例えば、何か事故が起きると、ほとんどの人はある一部に注目してしまいます。

「大雪で電車が立ち往生」

こんなとき、あなたはどこに関心を寄せますか？

「けが人はいないか?」「何時ごろ再開しそうか?」といった、誰でも気になる点ではないでしょうか。

仮にメディアの記者であれば「雪がどれだけ積もっているか」「電車や車の中の人々の不安で疲れきった表情」などを中心に報道するはずです。

これらは確かに、誰でも一番の関心事になりますが、誰でも思いつくレベルの切り口です。メディアが数社押しかけてしまえば、ほぼ似た画像と内容になるでしょう。

稼げる人は、現地で困ったり、何とかしようとしたりしている人をピンポイントでズームインし、その立場になりきって考えるのです。

例えば、「電車や車が立ち往生する中、寝ずに現地で舵《かじ》とりをする駅員さん」に注目します。

自分のことはさておき、食事もせず睡眠もとらず、懸命に復旧にあたる使命感に視点を当て、「何がそこまで駅員を駆り立てるのか?」というような、「想定外の事故に立ち向かった現場の人たち」という観点からインタビューします。すると、他社とは違う独自の内容になるのです。

このように、**稼げる人は、誰でも考えそうなことをおさえた上で、「それはありだけど、気づかなかった」という視点や論点で、課題設定や問題解決を行うのです。**

コツは簡単です。第三者ではなく、現場の当事者として、そこにいる人になりきって考えるだけです。

年齢、職業、年収、家族、趣味、好きな食べ物、住んでいる場所、貯金額、今悩んでいること、口癖など、こと細かく具体的に設定し、仮の個人名までつけて考えます。

少しイメージしてみましょう。

「缶コーヒー」を企画する場面を想定してください。

商品を購買するターゲットを考えるときに、コンビニに買いにくるビジネスパーソンというレベルでは粗すぎます。

55歳のタクシー運転手であれば「眠気覚まし」、丸の内の26歳ワーキングウーマンであれば「気分転換」、ビルの解体をしている職人であれば「ゴクゴク大量に飲めて水分補給」が目的となるように、ターゲットとなる人になりきって考えると、見えなかったものが浮かんできます。

カルビーで大ヒットになっている「じゃがビー」は、スナック菓子をあまり買わない20〜30代の独身女性をターゲットにしました。「27歳独身女性、文京区在住、ヨガと水泳に凝っている……」というところまで具体化して方向性をそろえたおかげで、想定したターゲット層にバカ売れしたそうです。

相手になりきるだけで、独自の視点や論点を持つことができるのです。

相手になりきるには、普段から他人に関心を持つことが一番の早道です。

「あの人だったらどう考えるのか、どんな反応するのかな?」と、普段からその人の気持ちになると、見えなかったものが見え、感じられなかったことが感じられるようになります。

32 稼げる人は、役者のように「相手」になりきって独自の問いを引き出す!

33 稼げる人は「どうすればできるか」から考え、稼げない人は「なぜ、できないか」から考える。

問題が発生したときに、「なぜ問題が起きたのか?」と原因追究からはじめ、「どうするか?」はそのあとに考える人がほとんどです。実際そのような指導を上司から受けることもあるでしょう。

もちろんそれも一理ありますが、**本当に稼げる人は「どうすればできるか?」を先に考えているのです。**

「スマホの画面が割れたので、ショップで交換してもらう」というように、原因と結果が明確にわかる場合は、原因をとり除くところから入ればOKです。しかし、普通の仕事の場合、そういうわけにはいきません。発生する問題は、必ずしも1つの原因とは言いきれないからです。

例えば、「今月の売上目標が達成していないのは……」という問題の場合、未達成だった営業マン個人の責任になってしまうことが多々あります。

しかし、実際は、特定された個人だけで仕事をしているわけではありません。「取引先がライバル会社にとられた。ライバル会社の値引きレベルに対応しなかったのは、上司や会社の責任だ！」とか、「担当エリアが広くなったので、移動に時間がかかり訪問件数が減ることは物理的にあたりまえだ！」というように、個人の活動以外の要因も考えられます。

「単純な原因→解決」にはなりません。

この条件で原因を探せば、自責・他責問わず複数見つかります。その上、その1つひとつの原因が複雑に絡み合っているため、どれかを解決しても本来の解決に結びつくとは限らず、ややもすると新しい課題につながったりします。

この状況になると、いくら原因を深掘りしてもしんどくなる一方だし、原因をひも解く間に多くの時間がかかってしまいます。

なので、**いきなり原因を追究するのではなく、「どうやったら解決するか」という道筋をつけてから、その方向につながる課題と原因を特定すればいいのです。**

このアプローチは、世界では古くから活用されており、ソリューションフォーカス（解決することに焦点を当て集中する）と呼ばれています。

アポロ計画のとき、当時のNASAの宇宙技術はソ連より遅れており、10年で人類が月に立つことは不可能と専門家が嘆くくらいでした。しかし、「人類が月に立つにはどうしたらいいか」という一点に焦点を当て、技術を高めていった結果、成功したのです。

外資系企業のマネジメントも同様に、**できない理由探しをするのではなく、「どうすればできるのか？」という一点に絞って上司とやりとりをします。**できない言い訳を考えるのは時間の無駄なので、現時点でダメであれば、どうリカバリーするか、その具体案が求められるのです。

私は日系大手の研修会社を経て30歳で外資系のコンサルティング会社に移りましたが、当初日本企業的に「なぜ、どうして」と詰め寄って原因をグリグリ探るマネジメントを行ったため、総スカンを食らいました。

そこで思いきって、自分のアプローチを変えました。リカバーする方法を考え、個人ではなく、仕事とその進め方をマネジメントするアプローチに切り替えたのです。すると、自分の仕事もメンバーの仕事も、うまく早く進むようになりました。

日本企業は製造業の現場の改善思考が強く根ざしていますが、一人で完結しない仕事であれば、原因を先に考えるのではなく、どうすれば達成するかを先に考えてみてください。

できない理由を考えていると時間がもったいないし、ストレスもかかります。課題解決につながる確信がなければ、モチベーションも続きません。

このような心理的な悪循環も同時に解決するので一挙両得です。ビックリするくらいストレスが減り、仕事もはかどるようになるのです。

33 稼げる人は、達成する手段をまず考える！

34 稼げる人は素直に「聞かず」、稼げない人は「鵜呑み」にする。

「優秀な人は、アドバイスを『素直』に聞き入れ、第一歩目の『行動』が早い」と言われて、否定する人はいないでしょう。

しかし、これを実行しても、結果が出る人と出ない人がいるのも事実です。これは「素直」という言葉の解釈に違いがあるからです。

稼げない人は、「素直」＝「鵜呑み」なのです。

鵜呑みは、言われたことを自分の都合のいいように解釈して行動することになります。

うまくいってもいかなくても、相手の意図がわからないので、ただ一生懸命、気持ちが続く限りやり続けることになるのです。

すると、「今日はダメだった。明日はもっと頑張ろう！」と同じことをただ繰り返すか、結果が出なくて気持ちが折れてしまうかの、どちらかになってしまいます。いずれにしても長続きはしません。逆に失敗したというマイナスの感情と記憶が生まれてしまい、チャレンジする気持ちも失せてくるのです。

稼げる人は、自分の価値観、主観、経験を抜きにして、相手の情報をフラットに聞きます。価値観、主観、経験が情報を歪《ゆが》めることを知っているからです。

例えば「コップに水が半分入っている」という事実を聞いたとき、それが「半分しかない」のか「半分もある」のかを、相手の意図を踏まえて発想するのです。

「なるほど、この前提の場合は、コップに水が半分もあると解釈した方がいいのだな」と、相手の思考回路に合わせられるので、正しい行動や判断ができるのです。

私がまだ駆け出しのコンサルタントで、九州の某航空会社の人事制度設計に参加していたときのことです。

評価による昇給の差が1500円だったため、「年功的処遇で、評価によるメリハリがついていない」とコメントしました。すると、ミーティングに参加している現場の方から「メリハリがないとは何事だ！　1500円も格差がついている。みんな同じ仕事をしているのに毎月1500円の給料の差がつく影響をわかっているのか!」と怒られてしまいました。

他社の報酬制度との比較と自分の経験から「1500円は差がついていない」と勝手に判断してしまったのです。

「評価によって生じる昇給差が1500円というのは、他社の統計と比較すると少ない」という事実を伝え、その上でその会社では昇給差をどう考えるか、という論点で議論を進めるべきだったと猛省しました。

このフラットに物事を事実ベースで見ることを、コンサルティングの世界では「ゼロベース思考」と言います。主観を入れずに、考え、判断することです。

しかし、**実際に主観なく物事を見聞きすることは難しいので、自分の思考のクセを知っておくといいでしょう。クセがわかれば、自分で修正できます。**コップに半分の水がある場合、普段は「もう半分しかない」と判断するクセがあるとわかっていれば、「まてよ」と考え直し、フラットに修正できるようになります。

また、判断したことに対し、

- 意見や結論を真逆に考える（いいという結論なら悪い面から考える）
- 対象を入れ替えて考える（営業ならお客様の立場で考える）

をしてみるといいでしょう。

ひと通り考えた上で「それって本当？」と自問するクセをつけておくことも一法です。

私もコンサルタントになり立ての頃は、先輩コンサルタントから「それって本当？」と突っ込まれるので、フラットに考えられるようになりました。

ゼロベース思考は自分一人で考えるときだけではなく、会議などの議論の場でも活用できます。会議の参加者はそれぞれの主観をもとに発想します。主観は個人差があるので、最初の段階で目線を合わせておく方が安全です。

稼げる人は、自身がフラットに考えるだけではありません。相手の思考もフラットにさせて、正しく動けるようにするのです。

34 稼げる人は、逆から見ることでゼロベースで考えることができる！

35 稼げる人は頭を「空っぽ」にし、稼げない人は頭の中を「いっぱい」にする。

人の頭の中で物事を考えることができる容量は無限ではなく、パソコンのハードディスクのようなもので一定量しかありません。ハードディスクをずっと使っていると処理スピードが鈍くなるように、**脳も決断を重ねると、負荷がかかり、疲れてエネルギーを失います。**「朝パンにするか、米にするか」などの小さな決断でも、脳には負荷がかかるそうです。

「脳は疲れると、無意識のうちにパフォーマンスが落ち、判断力が鈍る」というスタンフォード大学の研究結果もあります。

話は少しそれますが、人は、やりがいや達成感があると疲れに気づきにくくなります。

私も若手のコンサルタントだった頃、気が張っていて、脳が興奮状態になっているときは、「徹夜しても全然平気!」と思って仕事をしていました。しかし、自分では集中して仕事しているつもりでも、確実にスピードが遅くなり、ミスも増えていました。

さて、稼げる人はフレッシュな状態で正しく早く決断するために、決断に必要なこと以外は頭の中から吐き出しています。

皆さんも「これからやる作業をＴｏ Ｄｏリストに全部書き出して順番通りにやったほうが、頭の中で段どりを考えて作業するよりも断然速くできた」、という経験をしているでしょう。

これの応用です。

目先のＴｏ Ｄｏだけでなく、記憶に留めてある「やること／やりたいこと」をすべて書き出すのです。

それこそ、「牛乳を1パック、夕方買って帰る」から「生命保険に入る」「マチュピチュに行く」まで、どんなに小さいことでも、先々のことでも、頭の中にあることを全部書き出します。

はじめて書き出すのであれば、最低でも3時間はかかるでしょう。それでも、とにかく思いつくまま書き出すのです。

そして、「やること/やりたいこと」は、実施する予定日も書いていきます。「両親を連れた世界一周旅行は、2025年8月1日から2週間」というようにです。それができたら、予定表に書き込んでいきましょう。

人生の残り時間は限られています。「いつか」では絶対にやりません。夢に日付を入れることで、思考は「どうすればそれができるか」に切り替わり、達成に向けて動き出すのです。

また、**「悩み」も紙に書き出しましょう。**

悩みは頭の中で考えると、いくら多方向から考えたつもりでも、主観的になってしまいます。

例えば「彼氏（彼女）にフラれたらどうしよう」と悩むと、主観的にフラれる前提で考えてしまい、もがき苦しむことになります。

しかし、一旦紙に書き出してみて、書いた内容を見直すと「なぜこう考えたのだろう?」「彼氏（彼女）の立場と気持ちになって考えてみよう」などと、フラットに考えることができるので、突破口が見つかりやすくなります。

一度文字として頭から切り離すと、客観的かつ理性的に見られるようになるのです。

稼げる人は、「一人ブレスト」と称してビジネスホテルなど絶対邪魔が入らないところで半日から1日かけて書き出す作業をします。そして3か月や半年に1回、同じように時間をとってこのリストを見直すのです。

書くことは一見面倒くさく感じますが、一度やるとその効果をすぐに実感できるので、ぜひやってみてください。

35 稼げる人は、自分の思考や悩みを俯瞰《ふかん》できる！

Chapter 5

心と体が変わる「生活」習慣

36 稼げる人は「今すぐ」やり、稼げない人は「後回し」にする。

稼げる人は、物事を先延ばしせず「今」に集中します。そして、働くときに尋常ではないのめり込み方をします。遊ぶときも同様です。

なぜでしょうか？

それは、**「人生は有限だ」という感覚を強く持っているからです。**

堀江貴文さんは、小さい頃、鏡を見ているときに突然、「人はいつか死ぬ」と強く認識したそうです。

私は阪神淡路大震災で、築40年の木造アパート「みどり荘」の1階で、あと3秒揺れていたら生き埋めだったという経験をし、生かされた意味を考えるようになりました。

被災地や途上国支援のために仕事を辞める人も同じ感覚を持っています。

「貯金があって生活に不安がないから辞めても大丈夫」というわけではありません。「能力が高いのでいつでも仕事につける」からでもありません。限られた人生の中で、自分がやりたいと思ったからやるだけなのです。

皆さんも、**まずは小粒でもいいので「やりたいこと」を後回しせずに、今やる習慣を身につけましょう。**

大きな志が伴う「やりたいこと」でなくても構いません。「今日の昼は駅前のおいしい寿司を食べに行こう」など、目の前の小さなことでいいのです。「やりたい」と頭をよぎったことを、今できるレベルで、とにかく着手します。

止まっているものを動かすときは、最初に最も摩擦がかかりますが、はじめの一歩が動き出せば、そこからあとは意外とスムーズに進みます。これは「行動」も同じです。

この習慣は、仕事もプライベートも関係ありません。

24時間、仕事もプライベートも区分けせずに、やりたいことが頭をかすめたときに、「どうすればやれるか」「今すぐできる最初のステップは何か」ということを考え、実行に

移してみてください。

今までの「やるかやらないかを迷っていた時間」が、「どうすればできるかを考える『ワクワク』時間」に変わります。いざやってみると思いのほか、多くのことができることを実感できるでしょう。

この習慣が身につくと、どんな評価や名声よりも、自分が「これだ!」と思うものを見つけてのめり込むほうが幸せであることがわかります。

そうは言っても、やりたいことがすべてできるわけではありません。何をやるかについて決断が迫られることもあります。

そんなとき、どうするか?

稼げる人は、物事がトレードオフの関係にあることを悟っています。

トレードオフとは、一方を追求すれば他方を犠牲にせざるを得ないという状態・関係のことです。

日本では、結婚したら離婚しない限り、違う人と結婚できません。

稼動率100%のやりたいプロジェクトが2つあっても、1つしかできません。

もっと簡単に言うと、お金は貯金したら使えないし、お金を使ったら貯金できません。やりたいことをすべてやろうとしても、どうしてもトレードオフの関係になるものが出てきてしまいます。

マーサー ジャパンのシニア・フェローを経て、CORESCO代表取締役社長の古森剛さんは、「日々決算。未練が残っても後悔はしない」と語っています。

すべてのことはできないが、選んだものは全力で後悔しないようにやりきる、という精神を持っているのです。

トレードオフを前向きに捉え、「選択した結果、道がハッキリし、物事が前に進んだ」という感覚を持ち、今を精いっぱい生きましょう。

36 稼げる人は、人生は有限であることを知り、やりたいことにのめり込む！

37 稼げる人は「朝」に強く、稼げない人は「夜中」に強い。

「経営者は朝が早い」ということは、昔から言われています。『フォーブス』によると、元英国首相のマーガレット・サッチャーは朝5時に起き、ディズニーCEOのロバート・アイガーは朝4時に起きるそうです。

世界で成功している人は、早起きを習慣化しています。

稼げる人は、「朝が早い」というよりも「朝に強い」です。どんなに前日の夜が遅くとも、自分で決めた起床時間である4時30分とか5時に、目覚まし時計に頼ることなく起きて行動を開始します。

稼げない人は、逆に朝に弱いです。早起きしてもボーっとしていたり、二度寝したりしてしまうことが多く、頭のエンジンがかかり出すのは始業時間後です。

朝の時間は、一日の始まりと同時に、余計な邪魔が入りにくい時間帯です。

電車も空《す》いています。オフィスもガラガラです。電話などの飛び込みの用事もかかってきません。一人で思いっきり仕事に集中することができます。

日中は外出、会議、同僚や部下からの相談、電話対応を含め、必ずしも自分一人のペースで仕事を進められません。頭がフレッシュなうちに集中して日中の仕事に備えると、時間だけではなく心にも余裕が生まれます。

夜になると物事を判断する能力が鈍ります。夜中にラブレターを書いて、朝起きて読み返したら、恥ずかしくて捨ててしまった、という経験をしたことはありませんか？

ですから、ビジネスで重要な意思決定は、午前中に行われることが多いのです。

また、**朝日を浴びると自律神経を整えることができます。**

自律神経には、活動を支える交感神経と、休息を導く副交感神経があります。

一日のうち、朝は交感神経が優位になり、夜は副交感神経が優位になることで、日中の活動から睡眠までを自然のリズムでコントロールしています。

しかし、ストレスや夜中まで働く生活が続くとこのサイクルが乱れ、体調も精神もくずれてしまうのです。

ちなみに、スポーツは交感神経が優位な朝が向いています。朝ランニングを行う人が多いのも頷けます。私も六本木のスポーツジムに通っていますが、朝7時過ぎには多くの人であふれかえっています。

私が外資系コンサルティング会社に勤務していた頃は、「夜遅く、朝早い」という日がほとんどでした。

日中は日本国内の仕事や社内会議などに時間を使い、夜は海外との電話会議。アジアであれば時差が少ないのでいいのですが、アメリカやフランスが親会社の場合、あちらの都合のいい時間で会議が設定されてしまいます。今日は23時、明日は夜中の2時、3時と電話で海外と仕事をするので、睡眠時間をまとめてとれませんでした。

そのせいか自律神経がおかしくなり、胃腸を壊すことが多くありました。そうなったときには必ず、朝日を浴びるようにしました。

また、朝日を浴びると、セロトニンと呼ばれる神経伝達物質が増えることがわかっています。この物質は、気持ちを落ち着かせたり、すっきりさせたり、脳を活性化させたりする効果があります。

加えて、朝は一日の中で最もマイナスイオンがあると言われています。朝日を浴びてマイナスイオンに触れることで、心が癒されストレス解消につながるのです。

もちろん最適な睡眠方法には個人差があります。必要な睡眠時間も人によってまちまちです。短時間睡眠で大丈夫な人もいますし、そうでない人もいます。

稼げる人の中にも、短時間睡眠ではもたない人もいます。そのような方は、睡眠不足を昼寝で解消するなど、睡眠をマネジメントする方法を持っています。

朝早いだけではなく、朝に強くなることで、仕事の効率を上げていきましょう。

37 稼げる人は、どんなに夜遅くても朝早く目を覚ます!

38 稼げる人はストレスを「受け流し」、稼げない人は「耐える」。

冷や汗が出るようなプレッシャーやストレスを感じるときでも、稼げる人は逃げたりはしません。どんな状況の中でも、冷静に最善の打ち手を考え、現状打破に挑みます。

さぞかしストレス耐性があるのかと思われるかもしれませんが、実はそうでもないことが多いのです。

「しんどい状況でも頑張ってくれる」というストレス耐性は、稼げない人のほうが強かったりします。

ストレス耐性の強い弱いは、ストレスに対する許容量の大きさです。

許容量がバケツくらい大きな人もいれば、コップほどしかない人もいます。そして、その容器から水（ストレス）があふれ出すと、心や体がおかしくなり、仕事や生活に支障をきたすようになるのです。

稼げる人は、ストレスに耐えるのではなく「受け流す」のです。バケツ（ストレス許容量）に水（ストレス）がたまってあふれ出す前に流してしまいます。その姿を見ると「ストレスに強い」ように見えるのでしょう。

つまり、**ストレスに強いのではなく、ストレスと「つき合う」のがうまいのです。**ストレスがかかったときの対処法や、自分が落ち着く方法を知っているということです。

例えば、「システムに問題点が見つかって仕事がなかなか進まない。誰がバグを出したのか気になってしかたがない。イライラする。そんなときは席を離れて一休みする」というように、自分が無意識のうちにストレスを感じる場面と受け流し方を覚えるのです。

受け流して終わりのストレスであればここで終了ですが、問題をとり除くまで解決しない場合、ストレスはついて回ります。

この場合、**ストレスの意味合いを変えてしまうといいでしょう。**

例えば、「○○君の責任で自分の仕事が増えた。ムダな余計な仕事だ」から「これは失敗をつぶすゲームだ。自分が正確に処理して解決しよう」というように、ストレスの原因を自分で楽しめるような意味合いに変えてしまうと、ストレスと感じなくなります。

これができないと、ある一定のストレスがかかったときに、「耐えきる」という、最もやってはいけない選択肢を選んでしまいます。

私は最初の会社の勤務地が神戸で、入社2年目に震災に遭いました。

しかも神戸市の東灘区という被害が大きかったところで、当時住んでいたアパートから3メートル先は3階建てが1階建てになるくらいまで崩れ、歩いて5分程の高速道路は倒れていました。

とんでもないことが起きたのはわかったのですが、その瞬間「ここを生き延びたら一生話すネタに困らない」となぜか思いました。すると落ち着きをとり戻し「まず水を確保。会社と実家に電話しよう。心配しているはずだ」と冷静に行動できるようになりました。

それ以降、何かとんでもないことが起きても「この壁を乗り越えたら一生話すネタに困らない」と思えるようになり、うまくストレスを受け流せるようになったのです。

誰でも多かれ少なかれストレスがある中で生きています。

日本人は真面目な方が多く、それを真正面から受け止めようとしてしまう傾向が見られます。エリートと言われている人ほど挫折の経験がなく、ストレスを抱え込んで、心や体に支障が出ることが多いのです。

いざというときは、真面目になりすぎずに受け流したり、意味合いを変えていく不真面目さや雑草魂が必要です。

あなたも真面目になりすぎず、ストレスをうまく受け流せるようにしてください。

38 稼げる人は、力の抜きどころを知っている！

39 稼げる人は「歯」が命、稼げない人は「虫歯」を我慢する。

昔、「芸能人は歯が命」というコピーが話題になりました。でも、「歯が命」なのは芸能人だけではありません。稼げる人も歯は命です。

真っ白で爽やかな歯からは清潔感と知性を感じます。どんなに頭が切れる人でも歯がタバコのヤニや茶渋でくすんだりしていると、魅力は台無しになります。しかし、稼げる人が歯を大事にする理由は別にあります。

稼げる人は、**健康と脳の老化防止は健康な「歯」にかかっていること、すなわち「口」にかかっていること**を知っています。

全米ナンバーワンのがんセンターで、ゲノム研究に取り組んでいる口腔医学博士の古舘健先生が書かれた、『口がきれいだと、健康で長生きできる』（KADOKAWA）によると、「口から病気になる人が多い」そうです。

口は外部に開かれた部位であり、口を通して体内に細菌や毒素を取り込んでしまう可能性があります。ですから、口内環境を整えれば、がん、認知症、肺炎、脳梗塞、心筋梗塞などの病気を予防でき、美しく健康になれるというのです。

稼げる人は、虫歯や歯周病、口臭という直接的なマイナス面だけでなく、体の健康そのものに影響することを知っています。

特に重要なのは「唾液」です。唾液は健康を守る「門番」と言えます。唾液には虫歯の原因である酸を中和、再石化して歯を守り、消化を助けます。さらに、「細菌ウイルスと戦う抗菌機能」もあるそうです。

口を開けて寝ていたら喉をやられて熱が出た、などの経験を持つ人もいるでしょう。口の中が乾燥して唾液が減り、細菌と戦う力が落ちてしまったことが一因です。

古舘先生の本には、唾液の分泌を促す、誰でもできるノウハウが書かれていますが、特に注目すべきは次の2つです。

第1に「あ」「り」「が」「と」「う」と、口をしっかり開けて発声すること。口は「あ」の時に大きく開き、「い」の時に口角が横に大きく広がり、「う」の時にすぼみ、「え」の時にまた大きく開き、「お」では軽く開くことで、唾液腺を強く刺激します。

私が携わった6500名の選抜リーダーは皆、「ありがとう」をはっきりと伝え、周りを動かしていました。「ありがとう」には人を動かすだけでなく、唾液腺を刺激して健康につながる、一石二鳥の効果があったのです。

2つ目はしっかり「噛む」こと。噛む回数が増えることで消化がしやすくなるだけでなく、唾液の量も増えます。その方法として「ガムを噛む」のがいちばんだそうです。稼げる人はガムをよく噛みます。**噛むことは虫歯予防、唾液分泌だけではなく、ストレス軽減効果があります。**

唾液にはアンチエイジングにかかわる若返りホルモンや成長因子が含まれており、肥満の防止にもつながるそうです。まさにガムは一粒で何度もおいしいのです。

ベストセラー作家でもあり、認知症専門医の長谷川嘉哉先生の、『認知症専門医が教える! 脳の老化を止めたければ歯を守りなさい!』(かんき出版)」によると、噛むことには、脳の老化、認知症を防ぎ、改善する効果もあります。

人の名前が思い出せない、もの覚えが悪くなったなど、認知症までいかなくても、物忘れが増えた、記憶力が若い頃より落ちたと感じている人も多いでしょう。35歳を過ぎた頃から、人間の脳には認知症の原因物質が溜まりはじめるそうです。**しっかり歯をケアし、ずっと自分の歯で噛み続けることができれば、いつまでも脳を刺激し、活性化させることができます。**

稼げる人は歯が綺麗です。口内ケアのために3か月に一度定期的に歯科医院に通っているからです。

稼げる人は習慣化が得意です。検診終了時に次回の予約を入れます。決して「後で予約の連絡をします」とは言いません。予約がなかなか取れない高級寿司屋に出かけて、帰る時にまた、次回の予約をするのと一緒です。

稼げない人は面倒くさがりで、歯医者が嫌いです。虫歯になってもギリギリまで我慢して歯医者に行きません。その結果、歯の治療に時間と高額な費用がかかってしまいます。

面倒くさいことこそルーチン化して、余計なストレスや手間をなくしましょう。

39 稼げる人は、定期的な検診で歯を守り、ガムを噛もう！

40 稼げる人は「スポーツ」でストレスを発散し、稼げない人は「スイーツ」で発散する。

外資系コンサルティング会社に移って最初に驚いたのは、無限に湧いてくるエネルギーを持った人たちでした。

朝早くから夜遅くまで、集中力が途切れることなくトップギア。平日は夜遅く朝早いのに、月曜から金曜まで疲れ知らず。しかも土日はぐったりすることなく、スポーツやバーベキューを楽しみます。

こちらは金曜の夜にはくたくたで、土曜は午後までバタンキュー。30代前半までは土曜の明け方からバス釣りやアウトドアに出かけたりしていましたが、30代後半になるととてもついていけない。

「なんでそんなに体力があり余っているのですか」と聞いたところ、「プログラマーやコンサルタントのように普段体を動かさず、脳ばっかりを使う職業は、脳疲労と体の疲労がアンバランスになる。だから**テニスやゴルフなどのスポーツをしたほうが、脳と体の疲労のバランスが一致するので眠りが深くなり、疲労がかえってとれるのだよ**」と教えていただきました。

確かに平日は長時間、脳を使って疲れているのに興奮状態が冷めず、睡眠が浅くなることが多かったのです。

脳の興奮状態を止める目的で、1杯だけウイスキーを飲むといい感じでクールダウンするのですが、そんな生活をしていると肝臓も壊れてきます。金曜日に飲み会で気晴らしして土曜日は昼過ぎまで寝てしまうと、生活サイクルがずれ、疲労が抜けにくくなります。

『なぜ一流の男の腹は出ていないのか？』（小林一行、かんき出版）にも書かれていますが、大企業の経営者や重役など「一流」「エグゼクティブ」と呼ばれるリーダーの間では、マラソンやトライアスロンが確かに流行しています。

企業のトップに立つ人は、自分の決断に自信を持ち、それを部下や株主などの社外まで徹底して信用させなくてはいけません。そこで、自ら体を鍛えはじめます。**運動が習慣に**

なり体が引き締まると、経営者としての自信が深まり、堂々とした態度につながっていくのです。

経営者は孤独と言われますが、マラソンやトライアスロンも自分で決めた目標達成に向けて孤独にチャレンジするところが一致するようです。

経営者はその会社で一番「稼ぐ営業」です。稼ぐ人は仕事だけでなく、体を鍛えることで精神、肉体、仕事のバランスを高めています。

私が最初に勤めた大手の研修会社では、「我々の仕事はアピアランス（見た目）が大事。体格、態度、服装、髪形すべてが大企業の経営者と肩を並べても遜色《そんしょく》ないように整えること」と徹底していました。

私は32歳まで178センチで58キロしかなく、細長かったので、外資系で貫禄を出そうと増量しましたが、加齢とともに脂肪を落とすことが大変になってきました。

「自称動けるデブ」を目指していましたが、「人は見かけが9割」と言うくらい、イメージが先行します。

太っているだけで、実際は仕事ができても、「仕事が遅そう」とか「できなさそう」という印象を与えてしまうのもまた事実です。

体を動かすことを習慣にするのは、とても難しい。スポーツクラブに入っても、自宅やオフィスの近くでないと行きにくいため、一時的に体重を落とすことはできてもなかなか続きません。

私はプロレスが好きなので、プロレスラーでパーソナルトレーナーをやられている人にお願いすることで、運動を継続しやすくしています。

今ではスマホやアップルウォッチなどのウエアラブル端末には歩数や燃焼カロリーを自動カウントするアプリが入っています。

自分のライフサイクルに合って楽しめそうと思えるスポーツアプリを見つけ、楽しみながら記録に残すこともお勧めします。

40 稼げる人は、理想体重を維持するため、運動の習慣をつくっている!

41 稼げる人は「リミッターがなく」、稼げない人は自分で「限界を設ける」。

稼げる人は、思考と行動にリミッターを設けていません。**目的を達成するまで、その手段を考え、実施し続けるのです。**

「過去3回しかボトリングされていない幻のウイスキーが、千葉県のBARで開栓しています。残り5杯程度しか残っていません」というメールを、ウイスキーにはまったばかりの同僚に送ったときのことです。

時間は19時。元マッキンゼーの彼は、22時から海外オフィスと電話会議があり、その準備に追われていたのです。それなのに、「今すぐ行きます！　タクシーに乗ります」と即レス。

「タクシーの移動中に作業すれば資料は間に合う。2杯程度であれば仕事に差し支えない」とのこと。

「幻でもマイナーなウイスキーなので、すぐにはなくならない。次回、千葉方面で仕事があったときにでも寄ってください」と私。

「次があるかわからない。物理的に可能なので今行きます」

と本当にタクシーで乗りつけ、幻のウイスキーを堪能し、30分で都内のオフィスに戻っていきました。

普通の感覚であれば「教えてくれてありがとう」と言って、手帳の千葉方面に行く予定日に書き込む程度でしょう。

しかし、**稼げる人は、物事を先送りにはしません。チャンスは一瞬しかないことをわかっているのです。**

15歳のアメリカ人、ジャック・アンドレイカ君は、叔父をすい臓がんで亡くしたことをきっかけに、インターネットですい臓がんについて調べ、すい臓がんの検査が1回800ドルととても高く、また既存の手法では30%のすい臓がんを見逃すことを知りました。

そこで、ジャック君は、より手軽な値段で、より優れた新たな手法があるのではないかと考え、開発に乗り出したのです。

インターネットで情報を集め、検査のアイデアを生み出すと、それをもとに提案書を作成し、すい臓がんの研究を行っている教授200人にメールを出しました。結果、199人に断られましたが、1人の教授が手を差し伸べてくれて、研究室を借りることができたそうです。

すると、費用は3セント（約3円）、検査時間は5分、100%に近い正確さで初期のがんを検出できる……まさに「安くて簡単で正確な新しい検査方法」を発見したのです。

この目的を達成するためには、思考と行動のリミッターを外さなければなりません。普通であれば199人もの教授に断られ続けたら、めげてしまうはずです。しかし、ジャック君はもし200人目に断られたとしても、協力を得られるまで、国境を越えてでもコンタクトし続けたことでしょう。

では、どうすれば思考や行動のリミッターを外せるようになるのか？

一番の近道は、リミッターが外れている人と知り合いになり、実際どのように考え行動しているかを体感し、自分との違いを知ることです。

身近にリミッターが外れている人がいなくても心配いりません。最近は、ビジネスで成功した経営者がセミナーや私塾を開く機会が増えているので、その人の考え方や行動に生で触れてみるといいでしょう。

もしくは、お手本としたい人のものまねをする方法もあります。

子供の頃の「ごっこ」遊びを思い出してください。

仮面ライダーやドラゴンボールの孫悟空になりきればなりきるほど盛り上がったし、キャラと自分が一体化していくことを感じたものです。

それこそSHOWROOMの前田裕二さん、堀江貴文さん、サイバーエージェントの藤田晋さんなど、あなたがお手本と考えるビジネスパーソンになりきってみることで、普段の自分とは違う視野を得ることができます。

その人たちであれば、ピンチのときどういう判断軸で考え、ピンチを切り抜けていくかを考え、行動するのです。

41 稼げる人は、「無理」と自分で言わない！

42 稼げる人は介護を「プロ」に任せ、稼げない人は「愛」で接する。

「あなたのお母さまが倒れました。これから緊急手術になりますが、成功しても下半身には麻痺が残り、介護が必要になるかもしれません。覚悟をお願いします」

介護は重い課題です。稼げる人稼げない人に関係なく、ある日突然訪れるものです。

介護は育児とは違います。育児は子供の成長というポジティブなゴールですが、介護の最後は死です。元気だった親が月日を重ねて衰えていく姿を見ることは、子供としてつらいものです。介護の実態に蓋《ふた》をして外には出したくない心理が働くことも介護の情報不足に拍車をかけています。

私の場合は、祖父が70代後半の時に肺炎で倒れ、小学5年から、祖父が亡くなる中学2年まで自宅介護を続けていました。食事や排せつも一人ではできず、肺炎で話すこともできない祖父の姿を他人に見せるのは「家の恥」と、祖母と父は言いました。

自宅の一番角で日が当たらない部屋に祖父を寝かせ、パートを辞めた母がつきっきりで

3年以上、身の回りの面倒をみていました。

私と妹は母の介護のお手伝いをしましたが、父は昔の人なので母がすべて介護するのは当然と考えて、自ら手を動かすことはしませんでした。祖母は祖父と同じ年だったこともあり、衰えていく祖父を、「私が大丈夫だから、あなたもしっかりしなさい！」と言いたかったのかも知れませんが、怒鳴り声とともにピシッ、ピシッと祖父を叩き続ける音が、隣の私と妹の子供部屋に鳴り響いていたことを今でも覚えています。「どうしたの？」と祖父母の部屋のふすまを開けると「何でもない。聞き間違いだ」と追い出され、5分くらいするとまたピシッ、ピシッと再開。痰《たん》が絡みすぎて呼吸もできない状態になり、「入院させて」とお願いしても、「大丈夫だ」と全然祖父を入院させず、入院した時は既に手遅れでした。

母は数年間に及んだ介護を一手に引き受け、愚痴も文句も言わなかったことがかえって恐怖でした。中でも一番つらかったのが認知症です。だんだん、祖父が私のこともわからなくなっていくのは耐えがたい経験でした。

介護で一番難しいのは「愛」です。親に介護が必要になった時、親を大切に思う気持ちから「介護のすべてをやってあげたい」と思う善人ほど、悲惨な介護に突入します。

介護離職の後、再就職までの平均は1年以上です。運よく新たな仕事を得られても、収入は男性で4割減、女性で5割減というデータもあります（『仕事と介護の両立に関する実態把握のための調査研究』三菱ＵＦＪリサーチ＆コンサルティング　２０１３年３月）。

介護目的で親と同居すると「介護離婚」のリスクも高まります。理由は以下のようなものです。

①お互い気遣いしギスギスする
②食事、睡眠等、生活のリズムが親と合わず、イライラや喧嘩が増える
③家事等の生活援助系の介護サービスが受けられない
④特別養護老人ホームへの入所の優先順位が下げられる
⑤住み慣れない環境で親の心身の状態の悪化が加速する

稼げる人は介護に備え、割り切ります。**「介護のプロ」に相談し、任せる所は任せることで、親も自分も周りもハッピーになる道を選ぶのです。**

介護のプロの価値は下の世話など、物理的な身の回りの生活補助だけではありません。なんらかの障害を抱えた人であっても「生きていてよかった」と思える瞬間を生み出させることが可能です。

親の場合は子供に遠慮してしまうこともあります。しかし、介護のプロは他人なので、なんでも堂々とお願いすることが可能です。

介護のプロに相談するもう1つのメリットは、**早い段階で対応できれば、症状の進行を遅らせられる可能性が高まることです。**

現在、介護が必要になる理由のトップは認知症です。早い段階で気づき対応できれば、進行を遅らせることができます。親は子供に心配かけたくないのと、まだまだ大丈夫だと自分で思いたい心理が重なるので発見が遅くなります。

「最近どうも足がひっかかり、転ぶことが多くなったな」などの小さな現象も見逃してはいけません。赤ちゃんが夜中に急に熱を出した時に相談できるママ友のように、介護のプロを捕まえておきましょう。

親が暮らしている地域の「地域包括支援センター」に相談するなど、公的なサービスを、きちんと活用していくことが重要です。しかし、このような公的なサービスは複雑で、とても理解しにくいのも事実です。地元の先輩や同期の介護経験者から生の情報を仕入れて選択肢を蓄えておくのが基本です。

見極めるポイントは2つ。1つは相性。実際にお会いするなど、肌感覚でつかむこと。もう1つは、家族のケアまでを意識し、手助けするノウハウがあるかどうかです。家族のケアについて質問すれば、ノウハウがあるかどうか一発で見抜けます。

地域にいい相談先がない場合は、ベストセラー作家で、海外や日本の上場企業で活躍された酒井穣さんが設立した、KAIGOLAB（https://kaigolab.com/）などの専門サイトで情報収集や相談メールをしてみるのがいいでしょう。

6500名の選抜されたリーダーの中でも昇り詰める人は、仕事と介護の両立ができています。仕事同様に家族の豊かな人生にコミットします。仕事でチームメンバーやあらゆる専門家の手を借りることと同様に、介護もプロの知見や手を借り、活用するのです。

㊷ 稼げる人は、親の老いを感じたら介護のプロに相談する！

Chapter 6

日々成長し続ける「働き方」の習慣

43 稼げる人は仕事を「楽しみ」、稼げない人は楽しい仕事を「探す」。

稼げる人も人間です。必ずしも並はずれた強靭《きょうじん》な意志を持ち続け、常に集中し続けているわけではありません。ときには怠けたくなることもあるし、やる気の浮き沈みだってあります。

しかし、周りから見ると、いつもイキイキとエネルギッシュに働いています。

稼げる人は、仕事に「働く意味」を見出しています。

つまらないと思われる仕事でも、「これがどんなことの役に立ち、意義があるのか」と考え、自分の中でピンとくるものに置き換えています。

仕事を単なる作業ではなく、その目的や結果が誰にどう喜んでもらえるか、仕事の価値は何かということを考え、やる気につなげているのです。同じ作業をしていても、レンガを積むことだけだとつらい単純作業になりますが、後世に残る教会をつくっていると考えれば、働く意味が変わってきます。

子供の頃に読んだ『トム・ソーヤーの冒険』を覚えていますか。トムはポリーおばさんから、騒動の罰として、学校が終わったら塀のペンキ塗りをするように命じられましたが、おかまいなしに友達と遊び回り、夜になってから帰宅する始末。業を煮やしたポリーおばさんが、トムがサボらないようにペンキ塗りを見張ると言いだしたため、トムは嫌々ながらもペンキ塗りを始めました。でも、塀はむちゃくちゃ長く、とても今日中に終わりそうにありません。

そこでトムに名案が閃《ひらめ》きました。ペンキ塗りをいかにも楽しそうに振る舞うことで、通りかかる友人たちの注目を集めたのです。友人たちは「やらせてくれよ!」と懇願しましたが、決してやらせなかったため、友人たちはペンキ塗りをさせてもらう代わりにビー玉やリンゴをトムにプレゼントしました。友人たちはトムの罠《わな》にはまったわけですが、誰も楽しそうでした。

私は仕事について考えるとき、よくこのエピソードを思い出します。

稼げない人は、「楽しい」仕事を探そうとします。

仕事が楽しくないのは、「今の仕事に問題」があると考えてしまうので、さらに今の仕事をつまらなくするか、隣の芝生が常に青く見え、転々と移り続けるかのどちらかです。

これでは本人もつらいし、全然稼げません。

では、仕事の楽しさをどう見出していくのか？

それは、**仕事にとり組むとき、「目的や本質は何かな」、「誰がどう喜ぶのかな」ということを考える**ことです。この仕事が完成した結果が何につながり、どんな人が使い、どう喜んでくれるかを想像すると、その答えが見えてきます。

また、自分がどんなときに嬉しい、楽しいと感じるかを考えることも必要です。

仕事を頑張ったとき、「すごいね」と言われることに満足を感じる人もいれば、「ありがとう」と言われることに満足を感じる人もいます。楽しさを感じる要素ひとつとっても、人によって違いがあります。

自分が楽しさを感じる要素が仕事の中のどこにあるかを掘り下げ、それを得るための方法やルールを考えていくと、自然とのめり込めるようになっていきます。

仕事がつまらないと感じたら、ぜひ一度立ち止まって、仕事の意味合いを自分の中で変えてみてください。

見える風景がガラリと変わります。

㊸ 稼げる人は、仕事の中に楽しさを見出す!

44 稼げる人は「すべて収益化」、稼げない人は「時間給」

働き方改革によって労働時間が減りました。その分残業代も減りました。一方副業を解禁する会社が増えています。

稼げない人は、浮いた時間で「時給いくら」の副業をします。コンビニ、レストラン、家庭教師など、自分のできる仕事の中で時給の高い仕事を選びます。

稼げる人は本業、副業、趣味を問わず、収益化させています。時給仕事は近い将来ＡＩに置き換わっていくと思われます。稼ぐコツはあなたの「持ち味」を活かすことです。

私の友人の早川哲朗さんは、本業だけでなく趣味の収益化に成功しています。彼は、インタラクティブプロデューサー／ＤＪ／シャッカー（牡蠣《かき》開け）です。本業は株式会社クルーソー、プロデュース部部長兼インタラクティブプロデューサーですが、以前は日本を代表するＤＪの一人でした。

結婚して子育てをする中、ＤＪは土日仕事が多く、奥様も週末が仕事のため、ＤＪの仕事を減らし、インタラクティブプロデュース業を主な仕事にしました。

趣味は牡蠣バーベキューです。バーベキューは同時に子守りもできるし、周囲もハッピーにできます。次第に子供の保育園や小学校の友達の家族を巻き込み、家族ぐるみで楽しめる牡蠣尽くし料理会を開くようになりました。

日本オイスター協会オイスターマイスターの、シャッカーの資格を取得。さらに早川さんの持ち味である、「周りを楽しく盛り上げる資質」を活かしました。

アウトドアやパーティー、ＤＪの経験すべてをミックスすることで、次から次へとイベントプロデュースの依頼が来るようになりました。

カギは組み合わせです。今の時代、１つの道を究めるのは至難の業です。牡蠣のレストランを始めようとすれば、たくさんの料理人が競争相手になります。しかし、アウトドアパーティーやＤＪのような仕事は料理人にはできないので、早川さんの独壇場になります。

当然１つひとつが平均より突き抜けていることが前提ですが、**すべて日本代表クラスの**

オンリーワンになるのは難しくても、組み合わせればオンリーワンになれます。

もう1つのコツは、収益にならないものでも、**スパイスとして加えることでオリジナルの価値を高めること。**早川さんはウイスキーが好きで、珍しい高級ウイスキーを250本以上集めています。でもウイスキーコレクターの世界は、最低でも1000本以上があたりまえなので、太刀打ちできません。

そこで、早川さんは牡蠣尽くし料理会で高級ウイスキーを提供し、日本で唯一の牡蠣づくし料理会として話題になりました。顧客層も広がり、子供の友達家族だけでなく、高級ウイスキーコレクター仲間から、牡蠣尽くし料理会の依頼が入るようになりました。

本業、副業、趣味に関係なく、持ち味を生かし頭一つ突き抜けたものを2つ以上組み合わせていくと、人生を豊かにしながら稼げるようになります。

私には突き抜けたものがない、これから知識やスキルを積み上げたいという場合は、トレンドに乗って応用が利くものがいいでしょう。お勧めは「プログラミング」です。

プログラミング自体は単純労働ですが、本業や副業、趣味で得たものを、ITを活用して自分で届けることができるようになります。例えば医者にプログラミングの技術があれば、シリコンバレー周辺で活躍できます。**普通の人でもプログラミングの技術を軸にすることでオンリーワンになれます。**

株式会社DIVE INTO CODE代表取締役の野呂浩良さんは、プログラミングスクールを運営しています。教えるだけではなく就労支援も行い、「チャンスをつかめる場をつくっています。活躍の場は日本だけでなく、アフリカのルワンダまで広がりました。

野呂さんがプログラミングを本格的にはじめたのは5年前。プログラミングの技術と、ワークスアプリケーションズやリクルートで学んだ経験の組み合わせにより、普通にプログラム開発だけをやってきた人や会社と差別化できたそうです。

成功のカギは3つありました。1つ目は、ワークスアプリケーションズの時に出合った未経験者向けの問題解決能力発掘プログラム。2つ目はITコンサルタントとして、トラブルシュートの仕事で得た、問題の切り分け手法と、顧客対応の経験。そして3つ目は、リクルート時代に学んだ、なんでもチャレンジする姿勢でした。

44 稼げる人は、本業・副業・趣味を区分けせず、組み合わせて収益ルートを増やす！

45 稼げる人は数字に「強く」、稼げない人は数字に「弱い」。

仕入れ、製造、営業、物流、販売などすべてのビジネス活動は、最終的に数値に置き換えられます。数値の反対は「売れなかった」「一生懸命やった」などの感情・気持ちを表す「言葉」です。

稼げる人は、物事を判断するときに数値から判断します。

なぜ**数値で判断するかというと、物事のいい悪いを判断するには、客観的なモノサシが必要だからです**。数値であれば、売上目標が100%達成した、納期が2日遅れた、コストが5%下がった、と誰でもブレずに実態をつかめます。

さらに、現状と目標とのギャップが具体的にわかります。そして、成果を出すための行動のどこに問題があるのかが、ハッキリするのです。

しかし、**数値ではなく主観的な言葉で表現されると、人により感じ方が異なるので、判**

断がズレます。「一生懸命やったけど目標の半分しかできなかった」「もっと一生懸命やろう」などのように、自分のイメージだけで答えを出してしまうのです。

「一生懸命やった」という言葉の中には、「よく頑張ったから自分は悪くない」という感情・気持ちが入ってしまいます。

サボりや手抜きをせずに頑張ったことは「よくやった」と称賛されるかもしれませんが、ビジネスは結果です。結果が出ない限りは評価に値しないのです。

数値にすると誰もが共通のモノサシで測ることができます。本人が一生懸命という活動も、他者と比較すると平均以下ということもあり得るのです。

ある会社の営業強化の仕事で営業マンに1日同行したことがあります。

その営業Aさんは半年間ビリの成績でした。訪問件数は1日に3件。商談が1件につき20分程度なので、売上につながる活動は1日60分しかありません。しかし、本人は一生懸命仕事をしていると言うのです。

Aさんの担当地域は、営業所から10キロ程度離れたある都内のエリアです。それなのに、なんと1件訪問するごとに事務所に戻り、詳しく日報を書いてから次の会社を訪問していたのです。

なぜかと尋ねると、上司から「訪問したら記憶が新しいうちに営業日報を書くようにと言われたので、忠実に守っている」とのこと。これでは業績が上がるわけはありません。

しかし、本人はやる気があり一生懸命。

そこで、訪問件数、見込・提案率、決定率、リピート率をはじめ、時間の使い方も他の営業と比較して、何に一番問題があるのか、どこから改善していくかを数値でハッキリさせました。その結果、売上は半年で3倍になったのです。

数値にして比較することで、何が原因なのかがわかります。原因がわかれば対策を考えられます。

つまり、PDCAサイクルを回せるようになるのです。**対策を考えられれば結果は変わります。**

また、企業規模にかかわらず、自分の給料が「商品がどのくらい売れたら、もらってもいい適正な金額なのか」をわかっていない人が増えています。

自分の労働時間や作業量に対して給料が出る、と勘違いしているのです。それがひどくなると、赤字の会社や部門で働きながら、毎月給料が振り込まれることに疑問を持たなくなります。

この稼げない発想は、赤字垂れ流しにもかかわらず「私は一生懸命働いているので悪くない。ちゃんと働いているのに給料も上がらないし、ボーナスも出ない。景気や経営が悪い」という被害者意識しか持てなくなります。

会社があなたの給料や関わるコストを負担するために、どれだけ利益を出さなければいけないかを数値で出してみるといいでしょう。かけていただいているコスト以上に利益を出すために、あなたの活動をちゃんと数値で測ってみましょう。

うまくいっていなければ数値を見ることで、今の活動の何をどう変えたらいいかのヒントが必ず浮かび上がります。

何でも数値に落として判断することを繰り返して、稼ぐ力を手に入れましょう。

45 稼げる人は、物事を数値化して正しいやり方と正しい判断をする！

46 稼げる人は「成功」から学び、稼げない人は「失敗」だけから学ぶ。

「失敗」には、必ず学びや気づきがあります。なぜうまくいかなかったのかを振り返り、徹底的に分析して次に活かす糧にします。

しかし、「失敗」を教訓とする人は多いのですが、成功はそのまま放って置かれることが多いのです。失敗要因を潰しても、それで勝てるとは限りません。失敗と成功それぞれから学び、次に活かすことが必要です。

稼げる人は、成功から学んだ「成功パターン」を重視します。

成功パターンとは、

① 何が勝負を分ける要になったのか？

② 次にもう1回やるならどうやるか？

という問いに答え続けることです。

オセロで勝つには、四隅をとることが成功パターンです。ひたすら相手の駒をひっくり返すことに集中しても、四隅がとれなければ負ける確率が圧倒的に高まります。

どんな仕事でもオセロのように、必ず「ここをおさえることができたら勝てる」という要素があるので、そこを最初に見極めることがポイントです。これは失敗ではなく、成功の中から導かれるものです。

成功パターンを洗い出すには、徹底的に数値化して振り返るといいでしょう。

営業であれば「アポイントの数」「提案数」「決定数」「決定までの期間・訪問回数」「決定額」「リピート率」などを、徹底的に振り返るのです。

数値に落とした事実をもとに、どの要素がキーになったかを分析し、検証を繰り返します。

数値化されていれば、残酷なくらい現実がわかります。

「営業マンの『企画提案の質』が我が社の特徴だ！」という会社がありましたが、顧客満足度調査でアンケートをとって数値化してみると、実は提案の質は他社と同等か、劣っていたことがわかりました。顧客から評価されていたのは、「対応のスピード」と「徹底したフォロー」といった泥臭い行動力だったこともあります。

ただし、成功パターンも時代や状況により変化していきます。

バレーボールなどのスポーツも、リーグ戦が始まりしばらくすると、それまでの成功パターンを変えざるを得なくなります。各チームの戦略、メンバーの連携、能力やクセなどが徹底的に分析されてしまうからです。リーグの中盤以降は、選手のローテーションを変えるなどの工夫をしていきます。

しかし、**人は一度成功パターンをつかむとさぼりグセが出てしまい、市場や顧客、競合他社の変化は無視して、自分のパターンをゴリ押ししてしまうケースがあります。**

あるアパレル会社の営業強化のお手伝いをしたときのことです。

オーナー社長の右腕と呼ばれ、創業からの成長を支えてきた営業担当の専務は、昔販促で自分が使って成功したチラシを、今でも現場で使うように徹底していました。

しかし、現場の声を聞くと、チラシの販促効果が全然出ていないとのことです。

そこで、若手の現場の販売員数名とプロジェクトをつくり、専務とは違うチラシをつくりました。そして、それぞれのチラシを活用したときにどれだけ販促効果が出たかわかるように数値化してみたのです。結果、現場の販売員がつくったチラシのほうが、専務のチラシよりも5倍売れることがわかりました。

このように、成功パターンを数値化して検証を繰り返し、さらにいいものへ磨いていく。しかし、時代に合わなくなったらやめる。これが稼げる条件になります。

失敗の要因を潰すだけではなく、あなたの成功パターンを見つけ、日々検証しながら磨いていきましょう。

46 稼げる人は、成功パターンを磨き続ける!

47 稼げる人はありのままを「受け入れ」、稼げない人は現状を「ごまかす」。

うまくいった、いかなかったにかかわらず、同じ経験をしても自分の自信につなげられる人とつなげられない人がいます。

自分に自信を持てない人は、自分のできないことや欠点に意識が集中してしまうか、逆にできることだけに集中して他を見ないようにしているか、のどちらかです。

いずれにしても、「できない部分/できる部分」に集中してしまい、視野が狭くなっているのです。

稼げる人は、全体像を見て、客観的に自分がどのレベルまできているかを把握しています。

失敗はトラウマのように持ち上がってきます。

例えば、目標と現状のギャップが30あるとしましょう。

稼げない人は、それを果てしなく遠いと感じてしまうのです。絶対値では30なのに100や1000も離れているような感覚になってしまうのです。

しかし稼げる人は、冷静に「全体を100とすると70まで進んできた。残り30だ」と、過去の頑張りや成功を客観的に見つめることで、立ち位置を見誤りません。

できないことに意識がいく人は、

- 提案資料を書くことができた
- 会議で提案が無事承認された

など、**できていることを手帳などの紙に書き出して、振り返りましょう。**

書き出す内容は、あたりまえと思える小さなことでも結構です。目標達成に直接関係ないことでも結構です。この仕事の中で「できた／できるようになった」ということを数多く出すようにしてください。

すると「自分はダメな人間だと思っていたけれど、結構いけてるな」と、気持ちが楽になります。

できていることに意識がいく人は、プライドが高く、冷静に現実や自分を見つめられないか、見つめたくない状態です。できもしないのに「私はできる」「私は優秀」と自らに嘘をつき、暗示をかけているのです。いくら「改善点を書き出せ」と言っても、素直に書き出せません。

この状態は心理学でいう「防衛機制」が発生しています。

防衛機制とは、不快な感情、気持ち、体験を弱めたり避けたりすることによって、不安で精神が壊れないように心理的にブロックする働きです。

この状態を抜け出すには、防衛機制を発動しているということを自覚することです。

本音で何に対しておびえているかを文章で書いてみましょう。

「大風呂敷をひろげたのに、できないと格好悪い」など、素直に書き出してみてください。文章で書いてみると恐怖の源の正体がわかり、過剰防衛していた自分に気づきます。

そして、その浮かび上がった感情に抵抗せず、「人間だもの」と認めてしまいましょう。

誰もが完璧ではないし、弱みも個性だと愛してしまうのです。

ここまでくれば、防衛機制は操れるようになります。冷静な状態で、仕事の達成度や進捗度を客観的な数字で理解します。そして、ゴールに向けて「どうすれば達成するか、リカバリーできるか」を考えて未来に目を向けるのです。

自分ではどうしてもリカバリープランが浮かばないときは、思いきって上司や先輩に相談しましょう。

「周りに相談せず、意見を聞かなかった僕が悪かったです」と素直な気持ちを伝えて教えを請えば、素直になったあなたを認め、びっくりするくらい建設的なアドバイスをくれるようになるでしょう。

課題設定や問題解決にきちんと向き合うことで、問題解決の確度を上げ、モチベーションを高め、地に足のついた正しい「自信」をつけられるようになるのです。

47 稼げる人は、常に自分の立ち位置を把握している！

48 稼げる人は「未来の自分」で判断し、稼げない人は「今の自分」で判断する。

稼げる人は、決めたことを徹底して習慣にします。

稼げない人は、三日坊主で終わるか、いつの間にか元に戻ってしまいます。

稼げる人は、「こうなると決めた未来の自分の姿」をトコトン突き詰めます。そのときの自分は、どんな価値観で物事を判断し、どんな時間割で行動し、どんな食事をしているかなど、漫画や映画のキャラのように具体的に設定します。

いわば**自分の中に「未来の自分の人格」を設け、「成功していない今の自分」からその人格に乗り換えてしまうのです。**

普通は何か目標を達成したいと考えたとき、「今の自分」と「未来の自分」のギャップを埋める計画を考えて実行します。

しかし、このギャップを埋める活動をしているときは、「まだダメな今の自分の人格」から判断しています。

なので、つらく我慢が必要なのです。楽勝であたりまえとなっている未来の自分ではなく、ダメな今の自分がギャップを埋めようと我慢し、歯を食いしばりながら根性で乗り越えようとしているのです。

しかし、我慢はいずれ限界がきます。

限界がくるということは、未来の自分になりきれず、今の自分の人格のままということ。

今の人格のままなので、結局今まで通りの行動に戻り、できなかった自分に嫌気がさす、という悪循環になるのです。

体に悪いからタバコをやめろと言っても決してやめなかった80歳のおじいさんが、「孫と一緒に釣りへ行きたい」と本気で思ったら、長生きするために一瞬でタバコをやめられた。

爪を噛むクセがやめられない5歳の男の子が、妹ができていいお兄さんになることをイメージしたら、爪を噛むのは格好悪いと思い一瞬でやめられた。

このような事例が、カウンセリングの世界でありますが、ビジネスの世界も本気でこうなるとイメージして、そうなりたいと思えば、意識や行動が変われます。

人はこうなりたいと本気で思い、イメージできれば、その姿に近づく力を持っています。

逆に言うと、本気で思えずイメージもできない限り、その姿に近づくことはできません。

未来の自分の人格をどう描くかは、お手本となる上司や先輩がいなければ、俳優やドラマやアニメのキャラクターを参考にすればいいでしょう。

イメージに近い人やキャラがいるなら「ものまね」してみるのも一法です。水谷豊さん演じる『相棒』の杉下右京ならこう言いそう、『名探偵コナン』の江戸川コナンならこう言いそうとイメージできるはずです。

経営者やビジネスパーソンで「ああなりたい」と思う人がいれば、「その人だったらどうするか」と考えてみてください。

最近は書籍だけでなく、ｎｏｔｅ、ＮｅｗｓＰｉｃｋｓなどのニュースサイト、ブログ、ツイッターなどで、人の思想や判断基準を知る機会が増えてきています。こんなものを食べている、プライベートではこうしているといった具体的な嗜好《しこう》や行動までオープンにしている人もいます。

つまり、ものまねをするための材料はいくらでもあるということです。

キャラを設定するときは、紙に具体的に書き出してみるといいでしょう。

長所、短所はもちろん、いくら稼ぎ、どんなところに住み、どんなものを食べ、どんな人とつき合い、どんな悲しみを抱えている、などとキャラクターが勝手に動き出すくらいまで具体的に設定してみましょう。

物事を判断するマイルールにしてもいいでしょう。

キャラクターが自然に動き出せば、あなたの中にその人格が生まれたも同然です。物事の判断はその未来の人格に相談し、今から行動しましょう。

「未来の自分の人格＝キャラ」を本気で考えれば、ワクワクしてきます。ワクワクした自分に今からなりきり、習慣を変えてしまいましょう。

48 稼げる人は、成功した自分になりきったマイルールで行動する！

49 稼げる人は数値を「目標にせず」、稼げない人は数値を「目標にする」。

皆さんは目標を書くときは「数値化」していますか？

目標設定は、５Ｗ２Ｈ（誰が、いつまでに、何を、どこで、なぜ、どれだけ、どのように）が大事であり、目標は可能な限り数値化するようにと、会社で指導を受けているのではないでしょうか？

それは半分正解です。人事や上司が「目標を評価する」という点から見たら正解です。上司と部下の間で、「今期はどんな役割を担い、どんなことを、どれくらいまでやるか（質・量・納期など）」を決めます。そして、「期初に決めた目標がどれだけできたか、できなかったか」を評価するわけです。

このとき目標が数値化されていれば、上司と部下の間で認識がズレずに評価ができます。期中に発生したトラブル、追加仕事、ラッキーパンチなどがあった場合はそれを考慮して評価する必要がありますが、少なくとも結果の数字は事実ですので、文句がつけられません。

会社の「評価」は、単年度の仕事の「出来、不出来」ですが、稼げる人は、単年度だけで目標を考えていません。5年先など、先々がどうなっているかを描いているのです。

会社や部署の数値目標があり、その数値目標が各自に配分されていたとしても、仕事そのものの意味合いを考えています。要は、数値目標を達成した結果、どんな輝かしい未来が待っているのかを描くのです。

ですから、**数値目標を達成することがゴールではなく、輝かしい未来をゴールにして、自分なりに道筋を描き直し、目標の背骨をくっきりさせるのです。**

例えば、ある地方のホテルの今期の目標が「昨年対比 新規顧客15％増」だけだったとしたら、どんな未来が待っているかわかりません。

「海外や他の地域の人だけではなく、地元の人に『非日常』を味わっていただく場にする」と考えると、地元の人がどう楽しんでいるか、その場面が具体的に描けます。

その場面を想定し、近づけていくために、いつまでに、どんなサービスで、どう喜んでもらえるかを考えて計画に落とすのです。

その目標が達成したときにどんな感謝の声をかけていただいているのか、どんな役割でそれを達成しているのか、そのうまくいっている姿を映画や動画のように描いていきます。するとワクワクしてくるはずです。

目標を数値化すると、数値化しやすいものが目標になってしまう恐れがあります。

夏までに痩せるという目標であれば、「体重を10キロ減らす」というのが目標になってしまうのです。

毎日何グラム増えた、減ったに一喜一憂し、誘惑に負けると必要以上に挫折感を味わい、本当に苦しい思いもします。

我慢しきれず途中で諦めてしまうかもしれません。また、10キロ痩せたらそこで終了し、反動でリバウンドしてしまうかもしれません。いや、そうなる可能性のほうが高いでしょう。

数値目標だと達成した後の「像」がないので、どこに向かうのかわからなくなります。

ダイエットであれば、10キロ痩せた結果、読者モデルとして活躍する、趣味のバンドのボーカルとして三代目 J SOUL BROTHERSさんのような衣装、格好をして歌い、コンテストに出て活躍するなど、痩せることよりも、どんな生活を送っているかを鮮明に描くのです。そうすると、リバウンドもなく、モチベーションを保ったダイエットができるのです。ダイエットはただの通過点でしかなくなります。

人は望む未来を具体化し、そうなりたいと本気で思うと、そこに向かって自然に歩き出せるのです。望む未来がなければ、我慢しながらやり続けることになるので、いつか無理がきます。やっていて楽しくありません。

まず、目指すべき「像」を固めてください。

数値は、その像を示す羅針盤のひとつにすぎません。手段も数値も柔軟に考え、状況に合わせて適切なものに入れ替えていけばいいのです。

49 稼げる人は、ワクワクする未来を目標に設定する！

50 稼げる人は「愛嬌」があり、稼げない人は「虚勢」をはる。

稼げる人は「チャーミング」です。イケメンのようなビジュアルではなく、しぐさや態度がチャーミング。目をキラキラと輝かせたり、大げさなくらいびっくりしたり、引き込まれる笑顔を持っていたりします。

仕事はきっちりですが、すべてがパーフェクトではなく、かわいらしい「隙」がある。飾らなくて、自分の弱いところも素直に見せる。まさに少年のような「夢」と「無邪気さ」を持っています。話をしているとそのワクワクがこちらに伝染し、その人のファンになり、一緒に仕事をしたり、応援したりしたくなってしまいます。

京セラ・KDDI創業者で、日本航空名誉会長の稲盛和夫さん、元アクセンチュア代表取締役会長の森正勝さんをはじめ、私がお会いした経営者や幹部・次世代リーダーの方々は、仕事力もそうですが、「人」として虜《とりこ》にさせることが共通の特徴と言えます。

これは、日本だけではありません。ブレア元英首相やハーバード大学教授のマイケル・サンデルなど1000人以上の著名人をインタビューした『フォーブスジャパン』副編集長の谷本有香さんは、「**経営者、成功者の共通の特徴は『無邪気』であり、私利私欲にとらわれず『無我』で、社会や相手に貢献している**」と言っています。

「無邪気さ」は辞書によると、「素直で悪気がないこと。いつわりや作為がないこと。あどけなくかわいらしいこと」です。

年を重ねた大人が、日常のほんの小さいことでも驚き、感動し、素直に受けとる、そんな子供のような無邪気さをとり戻すことは、今からでも可能です。

「無邪気な脳」になるには、生活習慣が大事です。早寝早起き、朝ご飯の習慣を続けると、メラトニンとセロトニンという2つの脳内ホルモンの分泌がよくなり、脳に無邪気さが育ちます。

また、「他人をどう幸せにするかを徹底的に考える」ことも有効です。

脳科学で言うと、自分の成功を考えると左脳の論理空間が立ち上がり、計算高くなるそうですが、顧客の幸せを考えれば右脳と左脳が連携します。右脳と左脳の連携が強まり、脳の思考の幅が広がると「発想力」も広がるそうです。

発想力が広がれば、ビジネスでもいろんなアイデアが湧き出してくるので、ワクワク感が増してくるのです。

つまり、自分の顧客を幸せにすることを考えれば、結果としてビジネス面の成功だけでなく、自分もワクワク感を得ることができ、幸福度が増すわけです。

逆に、「無邪気な脳」になるためにしてはいけないこともあります。

それは、ネガティブなことを口にすることです。

人間の脳は自分の言ったことや、やったことを忘れないそうです。しかも**脳は主語（誰が）を理解できないので、自分が口にした言葉を全て自分事として覚えてしまいます。**

「あの子、いつもああだよね。うまくできないのに」

「またあいつかよ。言われたことしかできないくせに」

こんな話をしていると、いざ自分が何かに挑戦しようとしたときに、脳は自分が言った言葉を思い出して、ネガティブな行動をとってしまうのです。

嫌いな上司のマネジメントの仕方に悪口を言ったり、ネガティブな感情を持っていたりすると、「私はそうしない」と思っていても、いざ自分がマネジメントをする立場になると嫌な上司と同じやり方をしてしまうのは、脳が覚えているからです。

ネガティブなことを言うと、自分の行動をネガティブな方向に制限することになるので控えましょう。

自分の言動は意識していなくても、「脳」は影響を受けています。当然、自分の言動の結果である仕事の成果も、「脳」の影響を受けているのです。

まさに稼げる人の習慣は、脳科学的にもいい習慣と言えます。

無邪気さをとり戻し、チャーミングになりましょう。

50 稼げる人は、いつもワクワクしている!

おわりに

「稼げる」と聞いて、ネガティブな印象を持った方がいたかもしれません。

そのような方は「稼げる」という意味を考えたときに、「相手に売り込む」とか、「相手を蹴落としてでも自分が儲かる」というような感覚に、とらわれたのではないでしょうか。


しかし、実際は逆です。

「稼げる人」になるためには、相手が勝つこと・喜ぶことをあなたが楽しみながら行う必要があるのです。

相手を喜ばせ、勝たせることができれば、売り込むことは一切必要なくなります。

相手に押し込むようなことを考えなくても、感謝され、スルスルと仕事が決まっていくのです。

習慣は、身近であたりまえの小さなところから始まります。

「コピー1枚とってくれよ」という小さな頼まれごとでも、「やってあげたら、相手が喜んでくれる」と楽しみながら引き受ける。

そうすることで、稼げる人になる歩みが進んでいきます。

小さな一歩から、今すぐやってみてください。

勘のいい方なら気づかれたと思いますが、実を言うと本書は、パーソナルブランディングやキャリアの本でもあります。

稼げる人になると、パーソナルブランディングが自然にできてしまうのです。

パーソナルブランドを決めるのは、あなたではなく相手です。

相手が認めてはじめてブランドになりうるのです。

信頼の積み上げがブランドの価値を支えるのです。

エルメスはお客様が認め、信頼できる歴史があるから、一流のブランドであり続けられるのです。

なりたい自分ではなく、「求められる自分」を周りから聞き、それにこたえられるよう一心不乱に続けていくと、気づいた頃には、あなたの後ろに自分らしいキャリアと言える道ができているでしょう。約束します。

最後に、本書の発行に関わっていただいた全ての人にお礼申し上げます。中でもお声をかけていただき、厳しくも優しく見守り、ギリギリまで編集作業に力を入れていただいた明日香出版社の久松圭祐様、本当にありがとうございました。今まで在籍したコンサルティング会社の方々、クライアントの方々、著者の先輩の方々、皆様の教えや指導なしにはこの本の完成はあり得ませんでした。

そして、最後まで本書をお読みいただいた皆様にも、改めてお礼を申し上げます。ありがとうございました。

あなたの一助になれば幸いです。

2015年1月　松本　利明

参考文献

●『「ラクして速い」が一番すごい』松本利明、ダイヤモンド社
●『「いつでも転職できる」を武器にする』松本利明、KADOKAWA
●『口がきれいだと、健康で長生きできる 万病・突然死を遠ざける近道』古舘 健、KADOKAWA
●『認知症専門医が教える! 脳の老化を止めたければ歯を守りなさい!』長谷川嘉哉、かんき出版
●『ビジネスパーソンが介護離職をしてはいけないこれだけの理由』酒井穣、ディスカヴァー・トゥエンティワン
●『ピーターの法則 創造的無能のすすめ』ローレンス・J・ピーター/レイモンド・ハル、渡辺伸也訳、ダイヤモンド社
●『なぜあの会社は儲かるのか? ビジネスモデル編』山田英夫、日本経済新聞出版社
●『なぜ一流の男の腹は出ていないのか?』小林一行、かんき出版
●『天才の証明』中田敦彦、日経BP

本書は、二〇一五年二月に明日香出版社から発行した『「稼げる男」と「稼げない男」の習慣』を文庫化にあたって改題、加筆、修正したものです。

日経ビジネス人文庫

稼《かせ》げる人《ひと》稼《かせ》げない人《ひと》の習慣《しゅうかん》

2019年10月1日 第1刷発行

著者
松本利明
まつもと・としあき

発行者
金子 豊

発行所
日本経済新聞出版社
東京都千代田区大手町1-3-7 〒100-8066
電話(03)3270-0251(代) https://www.nikkeibook.com/

ブックデザイン
鈴木成一デザイン室

本文DTP
マーリンクレイン

印刷・製本
中央精版印刷

Printed in Japan ISBN978-4-532-19959-3

日経ビジネス人文庫《にっけいびじねすじんぶんこ》 好評既刊

30の発明からよむ日本史

池内 了＝監修
造事務所＝編著

日本は創造と工夫の国だった！　縄文土器、畳、醤油から、カラオケ、胃カメラ、青色発光ダイオードまで、30のモノとコトでたどる面白日本史。

池上彰のやさしい経済学 1 しくみがわかる

池上 彰
テレビ東京報道局＝編

お金はなぜ「お金」なの？　経済を動かす見えざる手って？　講義形式のやさしい解説で、知識ゼロから経済のしくみ・世界情勢が丸わかり！

池上彰のやさしい経済学 2 ニュースがわかる

池上 彰
テレビ東京報道局＝編

バブルって何だったの？　円高と産業空洞化って？　年金は、消費税はどうなる？　経済ニュースが驚くほどよくわかる！　待望の第二弾。

池上彰の18歳からの教養講座

池上 彰
日本経済新聞社＝編

日々のニュースを読み解く鍵は現代史にあり。安保法制や「イスラム国」の台頭など、世界の今と未来について池上先生とやさしく学びます。

山一證券の失敗

石井 茂

山一證券の最期を見届け、その後、ソニー銀行の創業経営者となった著者が、山一自主廃業までの顛末と日本企業共通の「失敗の本質」を抉る。